여명

여명

도건 표명진 생각 모음

신아출판사

머리글

평소 살면서 느끼고 생각했던 것, 인상적이었던 일, 불만스런 일 등을 써서 남기고 싶었다.

원래부터 문장력이 없을 뿐만 아니라, 글짓기를 하면 건조체의 글이 되지만, 되는 대로 써보자고 용기를 내어 시작했다.

생각은 오래 전에 했으나, 시작은 늦은 것 같다.

기억력도 많이 떨어져 전의 일이 잘 떠오르지 않고, 단어도 잊은 것이 많아졌다고 깨달았다. 다행히 노트북에 한글2010이 장착되어 국어사전, 한문옥편, 영어 · 백과사전 노릇까지 해주어 시간도 많이 절약되고 편리했다. 눈도 둔鈍한데 사전을 찾는다면 얼마나 힘이 들었을까.

입력은 군인일 때 어렵게 버릇 들인 공병우 타자기를 두드리던 독수리 타법으로 토닥거리며 더듬어가면서 이렇게 해보고 저렇게 하기도 하면서 힘들게 원고를 작성했다. 7월 15일에 글쓰기를 마쳤으니, 수필은 못되지만 오늘이 수필의 날이라는데 우연스럽다. 내일쯤 원고를 저

장한 USB메모리를 들고 출판사를 방문할까?

여명黎明이라고 책 이름을 붙였다. 여명이 정말 옳은 예언이었다는 말을 듣고 싶다.

2015년 7월 15일

途建 表明鎭

CONTENTS

3장 | 지혜

4장 | 유감

5장 | 인연

6장 | 회한

제1장
회상

하나로는 안 돼요

'너무 울어서, 텅 비어 버렸는가, 이 매미 허물.'

17세기 말 일본시인 바쇼芭蕉의 5-7-5 음절의 대표적인 하이쿠 정형시이다. 동아일보 동아광장(2013. 6. 13.)에 개방형 문화를 주장하면서 어떤 교수가 소개한 시詩여서 처음 보았다.

19세기 말 서구西歐에 소개된 하이쿠 시들은 서구문학에 큰 반향反響을 불러주었으며 일본 초·중등학교 교과서에도 실려 있다고 한다.

매미라는 곤충은 탈바꿈脫皮을 하며 한 생애를 살게 된다. 알-굼벵이-번데기-성충. 어느 종류의 매미는 10년도 넘는 세월을 애벌레로 보내다 5일도 못되게 성충成蟲으로 살다 죽는 것도 있다고 한다. 매미의 허물(번데기)은 벌레에서 탈피하며 매미가 되어 나오면서 나무에 붙어 남아있다. 그러므로 허물은 매미가 울기 전에 형성된 것이니 위 시는 순서가 안 맞는다. 매미가 많이 울고 난 후에 만들어진 허물이 아닌 것이다. 문학, 시의 세계는 시공時空을 초월할 수 있다고 하지만, 이치에 맞지 않는 내용이 있으면 웃음거리가 되는 것이다. 따라서 시인도 과학지식을 가지고 있어야 된다.

최근에는 변하고 있다고 하지만 전에는 운동선수 학생들은 다른 교과는 전혀 공부하지 않고 운동만 했었다. 교실에 들어오지도 않지만, 수업에 들어왔다고 해도 엎드려 잠이나 자고 선생도 그런 학생은 제재도 하지 않고 방치하였었다. 그래서 운동 선수였던 사람은 졸업 후 동창모임에도 끼어주지 않는 경우도 있었고 우리 동기동창에 그런 사람이 있었나 할 정도로 잊히기도 했었다. 요즈음에는 운동선수 학생들도 정규수업은 모두 마치고 운동을 한다고 하니 이제 정상화됐다고 하겠다.

몇 년 전 국가대표 대학생 운동선수가 국제대회를 위해 외국에 나가면서 공항에서 영어로 자필 이름을 못 써 웃음거리가 됐다는 말을 들은 일이 있다.

전에는 자기의 전공이나 전문이 아닌 분야는 상식적인 내용도 모르는 것을 부끄러워하지 않는 사람들이 있었다.

전인교육全人教育은 인간이 지니고 있는 모든 자질資質을 전면적 · 조화적으로 육성하려는 교육이다.

한때 학교교육이 공리주의功利主義나 입신출세立身出世를 동기動機로 하거나 국가가 요구하는 부국강병富國强兵에 지배되어 인간생활의 일면에 지나지 않는 실용적인 지식기능이나 애국심을 강조하는 경향이 있었다.

이러한 경향에 반反하여 인간으로서 바람직한 넓은 교양과 건전한 인격을 육성하는 것을 목적으로 나타난 것이 전인교육이다. 이는 인간의 성장발달이 통합적이라는 것을 인식함으로써 가능하였다.

지적, 정의적, 전인적 학습은 따로 이루어지는 것이 아니라 유기적 관련하여 상호 작용하면서 균형 있게 이루어져야 한다. 과학과 더불어 예술을, 애국심과 더불어 국제적이고 평화적인 감성을, 지식기능과 더불어 인격을 존중하여 전체로서의 인간을 육성하여야 하는 것이다. 인간의 신체적 성장, 지적 성장, 정서적 발달, 사회성의 발달을 조화시킴으로써 균형 있는 전인적 인간이 되는 것이다.

이러한 전인교육을 강조하여 최재천 교수는 통섭統攝이란 말을 만들고 전인교육의 전도사 역할을 자임하고 있다.

통섭은 큰 줄기(통統)를 잡다(섭攝), 즉 '서로 다른 것을 한데 묶어 새로운 것을 성취한다.'는 의미로, 인문 · 사회과학과 자연과학을 통합해 새로운 것을 만들어내는 범학문적 연구를 일컫는다.

미국의 생물학자 에드워드 윌슨(Edward O.Wilson, 1929~)이 『사회생물학: 새로운 종합(Sociobiology: The New Synthesis)』 저술에서 도입한 'consilience'를 그의 제자인 이화여대 교수 최재천이 '통섭, 지식의 대통합'으로 번역하면서 통섭의 개념이 알려지기 시작했다.

최재천은 2006년 9월 생물학 등 각 분야의 전공을 망라해 종합적인 연구를 진행하기 위해 '통섭원'을 설립했다. LG전자는 이 통섭원과 공동모임을 하기로 했다. LG 관계자는 '제조기술은 세계 최고 수준에 도달해 있으므로 지금 우리에게 필요한 것은 새로운 아이디어나 개념'이라고 말했다.

삼성경제연구소 부사장이었던 윤순봉님은 '20세기는 분할된 전문지식의 시대였지만, 21세기는 통합된 거대 지식의 시대'라며, "가령 외국인과 통화하면서 자동으로 통역이 되는 자동 번역 휴대전화를 만든다면 세계시장을 제패할 수 있을 것"이라고 말했다.

이런 휴대전화를 만들려면 정보기술(IT)뿐 아니라 언어학 · 심리학 · 인지과학 등 통합적 학문의 도움이 필요하다는 설명이다.

우주개발 계획의 추진은 갖가지 과학, 의학, 공학 등이 융합된 거대과학big science이요, 종합 예술이다.

2007년 최재천 교수는 생명과학전공 교과과정 개편 회의에서 대학1, 2학년 학생들을 상대로 인문학과 자연과학을 마음껏 넘나드는 생명과학 강의를 개설하자고 제안했으나, 학교 측으로부터 받아들여지지 않았다고 한다. 그는 "학문 융합이나 통섭에 대한 이해가 부족한 것 같아요. 학문 간의 벽이 아직은 높아요."라고 아쉬워했다.

그러나 지금 통섭이란 단어는 유행어가 되어 있고, 큰 공감대가 형성되어 있다.

사족蛇足일까? 기우杞憂일까? 교육과정 편성에서 한문을 필수교과에 넣어야 한다는 목소리도 높으니 어떤 해결책이 있을지? 이수시간은 한정되어 있고 필요한 교과는 많으니 걱정이다.

— 2014. 12.

농촌 학생들의 방황

중·고등학생들이 분수를 모르고, 소수를 모른다고 하면 무슨 이야기를 하느냐고 할 사람이 있을지 모르나, 농촌의 학생들 60% 이상이 분수와 소수, 분수와 소수의 관계를 모른다는 현실을 알고 있는 사람이 많지 않다. 나는 도시 학교에는 근무해 본 경험이 없어 도시 학생들은 잘 모르지만 농촌 학생들의 학습 능력 실태는 알고 있다.

나는 담임을 하면 학기 초부터 학생 실력 현황을 파악하기 위해 초등학교 산수의 가감승제加減乘除, 분수와 소수小數의 셈 능력을 파악하여 학생들의 기본 능력을 가지고 공부하도록 항상 노력하였다.

초등시절의 셈 능력을 가지고 중·고생을 창피를 준다고 불평을 하는 학생들도 있었으나 따르도록 설득하였고, 영어 단어를 암기하도록 독려를 하였다. 날마다 쪽지로 문제를 풀고 채점을 하여 다 맞으면 하교下校를 시키고, 틀린 것이 있는 학생은 다시 풀어 오도록 하였다.

비교적 잘 따르는 경우가 대부분이지만, 종례 시간 피하여 도망하는 학생이 생기기도 하고 어떤 경우는 작당을 하고 모두 사보타주를 하는 경우도 있었으나, 졸업 후 고마웠다고 하는 제자弟子도 있어 흐뭇할 때가 있었다.

내가 국민학교를 다닐 때 경험이 있어 절실히 느꼈었기 때문에 신념을 가지고 계속 밀고 나갔다.

내가 초등학교 2학년 때 6 · 25 사변事變이 일어나고, 일 년 반이 넘게 모든 학교가 쉬었다가 등교를 했으나 담임선생이 있다가도 없기도 하여, 제대로 배우지를 못 했다. 선생님들이 며칠 가르치다 좌익左翼이어서 끌려갔다는 소문이 있기도 하고, 어떤 선생은 군대를 기피하여 경찰에 잡혀갔다는 이야기도 있고, 전근, 사직辭職, 병들어 쉬는 등 사고가 계속되어 2학년에서 5학년까지 대부분 자습으로 학교생활이 이어졌다. 교과서도 없었고, 가르쳐 주는 선생님도 없었으니 무슨 기초학력學力이 있었겠는가?

6학년 올라와 드디어 담임선생님이 계셔서 공부를 시작한 셈이다. 그러나 아는 것이 있어야 6학년 교육과정을 공부할 수 있을 게 아닌가?

담임선생님께서는 가장 문제가 되는 교과는 셈본(산수)이라고 생각하셨다. 물어볼 것도 없이 먼저 셈부터 공부를 시키셨다. 날마다 쪽지시험 문제를 제시하고 채점하고 풀어주기를 3개월을 하시더니, 산수과정을 공부하기 시작하는 것이었다. 그래도 진전이 없는 학생이 있었는데 그런 사람들은 가망이 없을 것이란 판단을 하셨을 것으로 생각된다. 그런 과정을 통해서 나도 분수, 소수의 개념을 파악할 수 있었고, 수학 공부도 할 수 있게 된 것을 생각하면 초등학교 6학년 때 담임선생님께 감사한 마음이 한이 없다. 그 덕택으로 중·고등학교와 대학과정을 무사히 마칠 수 있었을 것이다. 그 선생님은 교장으로 정년퇴임하시고 진즉 돌아가셨다.

지금 농촌의 초·중·고 학생들은 철없을 때부터 공부는 도시에서 해야 한다고 생각하는 학생이 대부분이다. 우리 속담에 '사내아이를 낳으면 서울로, 말을 낳으면 제주도로 보낸다.'고 했던가? 농촌의 학생, 특히 도시 가까운 농촌, 도시의 시내버스가 순행하는 곳에서는 자기 고장의 학교는 지나쳐 보면서 먼 도시의 학교로 시내버스를 타고서 통학을 하면서 오만을 떠는 학생이 많았다. 특히 도시의 고등학교를 불합격하여 자기 고장에 있는 고등학교를 다닐 염치가 없어 그런지 더 먼 곳의 농촌 고등학교를 다니는 학생들도 한 둘이 아니었었다.

초등학생 몇 명 되지도 않는 곳에서 주민등록 위장전출을 해놓고, 도시 전학 일 년 전부터 소문이 돌기 시작하면 전교생이 들뜨게 된다. 집에 돌아가서는 부모에게 누구는 전학 간다는데 나도 전학 보내 달라고 울면서 졸라댄다. 전학 갈 때까지 공부하지 않겠다고 떼를 쓴다. 그렇지 않아도 하고 싶지 않은 공부인데 핑계가 좋다. TV 연속극, 오락 프로나 보면서 노는 것이다.

그러다 보면 전학하겠다는 학생이 또 생긴다. 집에 가서 학생들은 부모에게 더 졸라 댄다. 이런 현상이 계속 이어지면서 농촌 학교의 피폐疲弊는 가속화된다. 이래저래 몇 달 공부 안 하면 기초실력이 부족하여 더 이상 실력 향상은 없고 학교에 가방만 들고 왔다갔다 하면서 시간만 흐르게 되는 것이다. 이런 기초 없는 사람이 진학하고, 학원에 다니고 개인지도를 받아보아야 무슨 공부를 할 수 있겠는가? 헛돈만 쓰게 된다.

선생님들은 학생지도는 둘째 문제이다. 근무 점수나 잘 따면 되고, 연구점수를 올려야 된다. 그래야 빨리 승진하지. 수십 번 경력점수나 계산했을 것이다.

내 딸이 농촌의 초등학교 4학년일 때 일이다. 어느 날 퇴근했더니 딸이 상기上氣된 표정이고, 잠을 자다가 깜짝 놀라 벌떡 일어나 울었다. 큰 병이 들어 그런가 걱정되어 병원에 데려가려 하니, 애 엄마가 괜찮을 것이라고 말려 이틀을 기다려 보았다. 왜냐고 물어도 괜찮을 것이라고만 했다. 회복이 되어 다행이었으나, 다음 해에 집사람이 사실 이야기를 하는 것이었다. 담임선생 없는 교실에서 학생들이 장난하고 떠들다가 담임선생님에게 들켜 단체 기합을 받았다는 것이다. 교실 바닥에 엎드려뻗쳐를 시켜놓고 급장에게 감시토록 하고는 자기는 나가버리니, 어린 급장 놈은 자세가 안 좋거나 주저앉는 아이가 있으면 발로 차고 밟아대니 꼼짝도 못하고 오랜 시간을 기합을 받아 녹초가 되어 그리 되었었다고 한다. 여선생들이 끼리끼리 모여 수다를 떨었거나, 연구학교 연구과제 연수를 하다 보니 애들이 벌 받고 있다는 것을 잊었을 것이다. 흘러간 일이고 세월이 지났으니 어찌하겠는가, 참을 수밖에. 30년 가까이 된 일이지만 지금도 생각하면 가슴이 아프다.

선생님이 많다보니 함량 미달인 경우도 있었겠으나, 그런 학교가 해마다 교육부 지정 연구학교, 도 지정 연구학교로 계속 지정되면서 모범

학교라고 전국에서 교육자들이 시찰오고 감격하여 돌아갔을 것을 생각하면 한심하다. 지금까지도 그곳 좁은 지역에 초등학교가 4개인데, 학생 수보다 교직원 수가 더 많은 학교가 있다. 지도할 학생 수가 적어 철저한 개인지도까지 이루어질 것 같으나 천만의 말씀이다.

연구학교는 막대한 예산을 투입하여 많은 학교가 교육부 지정, 도교육청 지정, 시 교육지청 지정을 받아 연구를 하는데, 발표회에 가보면 가지가지 방면에 많은 노력을 하여 성공적인 연구 수행을 했다는 발표를 들을 수 있었다. 그리고 그 많은 연구학교의 연구 주제, 문제 해결 방안이 성공하지 못한 경우는 보지 못했다.

그러나 그 해결 방안이 일반화가 되고 지속적으로 수행되고 있다는 사실을 나는 보지도 못했고, 들어보지도 못했다.

그 학교는 일찍이 막대한 예산 지원을 받아 농촌 학교 시설 현대화 사업을 실시한 후 시설이 좋다는 핑계로 계속 연구학교 지정을 받고 있었다.

이런 연구 관행이 지금까지 계속되고 있다면 한 번쯤 돌아 볼 필요가 있다고 사료된다. 연구 실적을 부풀리기 위한 노력이 우선일 것이고 학생 지도는 소홀할 수밖에 없었을 것이다.

이런 학교를 졸업하고, 진학해 들어온 학생들을 가르치기는 정말 힘이 들었다. 이런 학교 옆에 기초학습 과외 학원이 있으면 보충학습이 이루어질 수 있을까? 어림없는 이야기다. 기초 없는 학생들은 열등감에서 이런 학습을 기피하게 된다.

세월이 많이 흘렀으니 지금쯤 개선되어 문제가 없을 것으로 기대하여 보지만 모를 일이다. 퇴직 귀농이나 공해를 피해 농촌으로 이주하는 사람들이 있어 개선의 싹이 보인다고 하지만 아직은 미미하다.

우리 농촌도 일본 농촌처럼 기업, 주민, 학교 등이 같이 공존 공생하는 사회가 될 수 없을까? 도시로 서울로 학생들이 몰려드는 현상은 언제까지 계속되는 것일까?

농촌에서 도시로, 도시에서 서울로, 서울에서는 강남으로, 그리고 영어하는 선진국으로! 학생 이동방향이다.

교육적 피안彼岸은 어디일까?

― 2012. 11.

도깨비불 대신

오랜만에 밤에 고속도로를 달리는 관광버스를 타 보았다.

호남 고속도로가 어두워서인지 멀리 지평선에 전기불빛이 옛날 도깨비불을 생각나게 했다.

내가 어릴 때, 누구는 도깨비를 만나 씨름을 했다느니, 도깨비와 씨름할 때는 왼발을 걸어 넘어뜨려야 이긴다느니, 도깨비와 씨름하여 지면 죽는다는 말이 있기도 하여 밤에 길을 다니는 것은 무서운 일이었다. 밤에 먼 도로에는 도깨비불이라고 밝지도 않은 푸르스름한 불빛이 보였다. 그리고 도깨비 불빛이 보이는 먼 곳에서 사람들이 울부짖는 듯 소리가 들려와 무서운 생각이 들기도 하였다.

그러나 그곳 밤길을 걸어보면 도깨비불도, 울부짖음도 없고 무섭지도 않았다.

옛날 아기들은 병이 들면 위험했다. 손님이란 병 천연두, 백일해,

장질부사(장티푸스), 호열자(콜레라), 학질 등 병도 많았다. 병마病魔로 오래 앓기도 했고, 많이 죽기도 했다. 예방주사도 없었고 병원은 멀고 드물었고, 치료비도 비싸 병을 방치하여 나을 때까지 기다려야 했다.

나도 초등학교 입학 전 죽어 나락奈落으로 곤두박질 떨어지다가 깨어나 의식이 돌아와 보니 아버지 등에 업혀 있었던 기억이 있다. 한 번 앓아누우면 밥도 못 먹고, 보름 가까이 학교도 못 가고 앓아누워 기진맥진했던 일이 일 년에 한 두 번씩은 있었던 기억이 뚜렷이 남아있다. 손님마마, 폐렴, 독감, 학질, 유행하는 병이 오면 병원은 고사하고 약도 먹지 못해 자연치유治癒가 될 때까지 기다려야 했다. 중학교에 다닐 때가 되어서야 어머니는 '너는 다 크기 전에 죽을 줄 알았다'면서 건강하지 못하고 약했었다고 여러 번 말씀하셨다. 죽어 나락으로 떨어지고 강아지를 따라 강을 건너가다 의식이 돌아 왔다고 하는 친구도 있었다. 죽는 아기들도 많았는데 죽으면 가마니에 싸서 길가에 묻었고, 여기에서 나오는 인광燐光이 도깨비불이란 것을 나중에야 알게 되었다. 그러나 밤에 광야曠野에서 들리는 울부짖던 소리는 무엇 때문인지 모르겠다. 나에게만 들리는 환청幻聽인가? 그 소리를 귀신 씨나락 까먹는 소리라고 하는 사람도 있었고, 그 소리가 더 크게 들리면 날 궂을 것 같다고 어머니는 일기예보(?)를 하셨다. 지금도 그 소리는 들을 수 있는지 한번 가 봐야겠다. 그런 소리가 들리지 않는다는 사람이 있는데 그 이유는 또 무엇일까? 지금은 아기들이 아프면 병원에 가서 치료받고 '나비야, 나비야. 이리 날라 오너라……', 노래를 부르면서 병원 문을 뛰며 나선다. 그러니 죽는 아기도 거의 없고, 신작로에 묻히는 일도 없다.

전에는 사망률이 높아 호적에 올리려면 출생 후 몇 년이 지나야 입적入籍하는 경우가 많았다. 자주 사망신고 하기가 싫어서 이제는 죽지 않겠지 할 때까지 기다린 것이다. 그 때 얼마나 배고프고 헐벗고 어렵게 살았던가? 죽지 못해 살았지….

세상이 많이 바뀌고, 인심人心도 변하여 시골에서도 여유를 부리며 호기豪氣롭게 살게 된 듯하다. 관광지에 가보면 많은 노인들이 어울려 구경을 다니고 있다. 얼굴은 그 옛날의 고생한 흔적을 지니고 있으나, 그런대로 밝은 표정을 보면 말년을 즐기고 있는가 보다. 그간 고생하며 자식 키우고 가르쳤더니 자식들이 보내주는 돈으로 관광도 다니시겠지…….

얼씨구 좋구나, 좋다 좋아!

— 2015. 4. 25.

어렵게 살았다

6·25전쟁 때 모든 각 급 학교가 일 년 반 동안 휴교休校했다가 북한 인민군이 38선 북쪽으로 물러가면서 다시 개교開校하였다.

초등학교 4학년이었을 때 등교하면서 보았던 일들이 반세기도 훨씬 지난 지금까지 잊히지 않는다. 비교적 따뜻한 봄철 아침이어서 다행으로 생각되나 정말 불쌍한 광경을 보았다. 부안 쪽에서 동진강을 따라 나룻배를 타고 건너왔으리라고 짐작되는 대여섯 살쯤 보이는 두 형제가 옷 하나 걸침도 없이 벌거벗은 상태로 손을 잡고 걸어가고 있었다. 온몸이 까맣게 탔고 못 먹어 피골皮骨이 상접相接하였으며, 동생은 지쳐 걷지를 못하여 쓰러지고 또 쓰러지곤 했다. 쓰러지면 형이 일으키면서 힘겹게 같이 걸어가던 모습이 눈에 선하다. 며칠 뒤, 들은 이야기인데 이들은 죽산 친척집을 찾아 부안 변산에서 왔고, 친척의 안내로 고아원으로 보내졌다고 한다.

그때는 휴전休戰중이었으나 산중에는 빨치산이 남아 있어 인근 마을 주민들은 불안하게 살거나 피난避亂을 가야 했다. 그때 그런 곳은 낮은 대한민국이고, 밤은 인민공화국人民共和國이라고 했다. 밤에는 산속의 빨치산이 내려와 동네를 활개치고 다니면서 먹을 것과 옷가지를 훔치고 총칼을 휘둘렀다. 우리 사돈집에도 이때 학살虐殺당한 할머니가 계셨다. '언제나 빨치산이 없어지려나?' 하고 동네 할머니끼리 하는 소리를 골목을 지나던 공비共匪가 듣고 들어와 두 할머니가 산으로 끌려가 돌아오지 않았다고 하며, 나중에 들리는 소리가 산사람들이 죽였다는 것이다. 시체도 못 찾았다.

그 어린이들도 아마 부모는 산으로 끌려갔거나 학살됐고, 식량과 이부자리와 옷가지를 뺏겼을 것이다. 의지할 곳, 식량, 입을 옷도 없는 상태에서 어떻게 살 것인가? 참다 참다 못하여 옷도 입지 않은 채 넘어지고 주저앉으면서 논두렁 밭두렁을 걷고 동진강을 건너 부안에서 죽산으로 친척을 찾아 며칠을 걸었을 것이다.

이 일은 지금까지도 내 머릿속에서 떠나지 않고 있다. "일어나라."고 하는 형의 음성과 표정은 지금도 기억에 생생하다. 나는 그때 왜 그 아이들을 도와주지 못했던가? 가지고 가던 도시락을 왜 주지 못했던가? 왜 그 어린 아기를 업고 가지 못했던가? 어리다고 하지만 왜 그런 생각을 못했던가? 나는 박애주의자가 될 수 없는 조무래기에 불과한가? 오늘도 자책自責하면서 살고 있다.

6·25전쟁 뒤 겪은 하나의 작은 일에 불과한 이야기이지만, 전쟁 때 우리나라 백성은 얼마나 많은 고생을 했던가? 당해보지 않은 사람은 모를 것이다. 세계에 유례를 찾을 수 없는 비참한 전쟁이었다고 말들

을 한다. 3년의 전쟁 동안에 99만 명의 민간인이 죽고, 한국군과 유엔군 18만 명이 전사하였고, 북한군은 52만 명, 중공군은 90만 명이 죽었다고 한다. 그리고 5만 명 정도의 고아孤兒가 생겼고 고아원은 430개가 있었다고 한다. 300만 명의 피난민이 발생하였고, 8만 5천 명의 지도급 인사들이 납치拉致되었다.

이런 비극悲劇은 제국주의帝國主義 국가들의 식민정책植民政策 확대를 통한 자본주의 발전의 기반 구축을 노린 욕심에서 생긴 제2차 세계대전의 마무리 과정의 부작용이었다. 1945년에 제2차 세계대전이 끝남에 따라 한국은 일본의 불법적 점령에서 해방되고, 카이로 회담에서 우리나라의 독립을 약속하였으나 북위 38도선을 경계로 남과 북에 미 · 소 양군이 분할分轄 진주進駐하여 일본군의 무장武裝 해제와 전후戰後처리를 하겠다고 하여 우리 국토가 남북으로 분단分斷되었다. 이런 우리 민족의 시련은 일본 때문이 아닌가?

내가 다섯 살 때쯤 마을 앞 신작로新作路를 수백 명의 일본군이 무표정으로 줄을 서서 동진강 나루터를 향하여 가는 모습이 지금까지 기억에 남아 있다. 그렇게 일본이 우리나라에서 물러나고 분단된 상태의 혼란한 가운데 북한에서는 전쟁 준비를 하였고, 1950년 북한군의 남침으로 비극적인 6 · 25전쟁이 일어난 것이다. 전쟁터에 갔다가 전사한 우리 고향 마을 사람도 있었고, 전상戰傷군경도 있었다.

초등학교 2학년 때 인민군 치하治下에서 겪었던 일이다. 제트기에서 쏟아지는 무서운 총소리에 떨어야 했고, 외워야 하는 것도 많고, 조심해야 할 것도 한둘이 아니었다. 피란민들의 고생은 어떠했을까?

1962년 김종필–오히라 한 · 일 청구권 협정으로 우리나라는 일본으로부터 무상 3억 달러, 유상 2억 달러, 상업차관 1억 달러를 받았을 뿐이다. 그들은 1950년부터 1955년 한국전쟁 동안에 물자 및 서비스 등 특수 수익 16억 2천만 달러 이상을 벌어들였고, 베트남 전쟁 기간에도 막대한 수익을 올려 세계 제2위의 부국富國의 영화榮華를 누리고 있다.

그럼에도 그들은 역사를 부정하고 사실을 속이려 하고 있다. 이를테면 위안부 할머니들에 대한 피해 보상도 몰라라 하고 강제가 아니었다고 억지를 부리고 있다. 일제 강점기가 끝날 무렵 2차 세계대전 때 우리 고향마을에 처녀공출을 피하려고 부잣집 딸을 그 집 머슴과 결혼시켰다는 이야기를 들은 적이 있는데 이것이 바로 위안부의 징집 실상을 말해주고 있지 않은가.

그런가 하면 일제 식민 시대가 우리나라에 피해를 준 것이 아닌 개발과 발전에 이바지했다는 억지 주장을 하기도 한다. 그들은 또 독도가 자기네 땅이라고 억지를 부리고 있다. 그런 나라는 언젠가는 천벌天罰을 받을 것이다. 아니 천벌이 내리는 중인지도 모르겠다.

일본 사람들은 예의가 바르고 남에게 피해를 주지 않으며, 모든 것이 정돈되고 질서를 잘 지키는 민족으로 알고 있는데 왜 일본 국가는 자기 나라의 잇속에 대해서는 억지를 부리는지 모를 일이다.

내가 이해력이 부족한 탓인지, 조무래기이기 때문인지 몰라도 영토가 좁지도 않은 중국이 작은 섬나라 타이완을 병합하려는 시도試圖도 나는 이해할 수가 없다. 또한, 티베트의 비폭력 독립운동가 달라이라마가 우리나라를 방문하려는 것을 중국이 막는 것도 수긍首肯하기 어렵다.

우리나라의 긴 역사에서 전쟁과 내란內亂과 외환外患이 평균하여 4년에 한 번씩 있었다고 한다. 그때마다 백성은 얼마나 고통을 겪었을까? 내우외환內憂外患이 없을 때도 언제, 또 무슨 일이 일어날지 몰라 불안 속에서 살아왔을 것이다. 왜란倭亂과 호란胡亂, 민란民亂, 왜구倭寇와 산적山賊들의 노략질 등이 계속되었으니 어느 한때 안심하고 살 때가 있었을까? 아직도 우리나라는 휴전 상태이지 않은가.

자기 나라는 우수한 문명민족국가이고 다른 나라는 부도덕하고 미개하다고 멸시하고 학대해서는 안 된다. 중화민족, 문화민족, 더치, 되놈, 왜놈, 니그로, 양키, 미개인 등 하면서 우쭐대고 멸시할 게 아니다. 5천 년의 장구한 인류역사에서 18세기 중엽의 산업혁명 이전以前인 2백 년 전만 해도 잘 살았던 나라가 얼마나 있었는가? 해적질과 약탈, 식민지 쟁탈로 서구의 자본주의 국가들이 형성되지 않았던가?

국제사회에서도 도덕이 규범規範의 바탕을 이루고 있어야 하고, 국가 사이도 올바른 가치관價値觀의 윤리가 존재하고 실천될 때 이 세상은 안정을 이루게 될 것이다. 강대국 위주의 국제질서를 재편하여, 철학과 윤리를 지닌 양심적이고 중립적인 인물들로 국제윤리 기구機構가 만들어지고, 국제사회에서도 사법권이 강력히 행사될 수 있도록 했으면 좋겠다.

— 2009. 5.

재치 있는 위기극복

미국 캘리포니아에서 1991년 3월에 70을 넘긴 노부부가 깊은 산속 눈 속에 갇혀서 추위와 배고픔에 죽어가면서 18일 동안 남긴 메모 일부를 오늘 친구 최崔 선생이 스마트폰 메시지로 보내 주어 보았다.

> 3월 3일, 하고 싶은 말이 너무 많다. 즐겁게 살아주기 바란다.
>
> 가족 간 우애를 저버리지 말거라. 우리가 손자 손녀들을 사랑한다는 사실을 알게 해다오. (중략)
>
> 3월 6일, 일곱 번째 밤이다. 차에 기름이 떨어져 더 이상 히터를 켤 수가 없다. (후략)

두 달 후에 시체로 발견되어 이 사실이 신문에 공개 되었다고 한다. 미국에서도 24년 전이어서 그랬는지 구조가 불가능했던 모양이다.

지금 같으면 그런 불상사는 없을 것이다.

그 메시지를 읽으며 60년 전 중학교 다닐 때 수업 시간에 영어선생님께 들었던 이야기가 생각났다.

몹시 추운 겨울에 한 남자가 말을 타고 가다가 눈 속에 아기를 안고 기진맥진해 쓰러져 죽어가는 젊은 아낙을 보았다. 그대로 두면 엄마와 아기 두 사람은 얼어 죽게 될 것이라고 생각한 남자는 말에서 내려 '어디 좀 봅시다.' 하면서 엄마 품에 있는 아기를 빼앗아 안고 말에 올라 달리기 시작했다. 아기를 빼앗긴 엄마는 놀라 달아나고 있는 말 탄 남자를 쫓아 달려가기 시작했다. 가면서 별스런 욕을 다하면서 '야, 저 도둑놈이 내 아기 빼앗아 간다. 아기 놓고 가라'라고 고래고래 소리를 지르며 달렸으나 빨리 달리지도 않는 말의 발걸음을 따라 잡을 수가 없었다. 이렇게 한참을 달리다 길가의 주막집에 이르러 말 탄 사람과 아기 엄마는 걸음을 멈추어 만났다. 그렇게 만나고 보니 세 사람은 얼굴에 땀이 흐르고 미소를 짓게 되었다. 아기를 돌려받은 엄마는 악담하던 기억을 떠올리며 감사하다고 하면서 사죄했다고 한다. 동사凍死하게 될 아기와 엄마는 그렇게 살아나게 된 것이다. 아기를 놓고 가라고 고함을 지르며 달리다보니 몸이 더워져 땀이 흐르고 얼어 죽지 않게 된 것이다.

누구이었는지, 지어낸 이야기인지는 모르겠으나 말 탄 용감하고 지혜로운 청년은 훌륭한 사람이고, 아름다운 생애를 살았으리라. 뒤에서 따라오며 악담하는 소리를 들으며 묵묵히 앞서 가는 것도 보통 일이 아니었을 것이다. 그 선생님은 돌아가신 지 오래 됐다. 청산유수의 강의 솜씨였던 유劉 선생님이였다. 내 같은 반 동기친구였던 그 선생님

아들도 진즉 죽었다. 그립다.

우리가 일상에서 어떤 일을 추진해 나가다 보면 반대하는 사람과 만날 수 있고, 외면하는 사람도 있어 리더는 외로운 경우가 많다. 그러다 보면 좋은 결과가 나오는 경우도 있으나, 좋지 않은 결과에 이르는 경우가 더 많다. 좋은 결과가 나오지 않을 것을 예상하고 일을 추진하지 않으면 발전은 고사하고 제자리 걸음도 어려워 퇴보를 하게 되는 것이다. 칠전팔기七顚八起하는 정신력을 지닌 사람이 리더가 되어 앞서 나가야 한다. 그러나 강한 추진력을 내기 위해서는 시간이 걸리더라도 구성원과 대화를 통한 합의가 있어야 한다. 위와 같은 동사 직전이 아니면 필요성과 추진방법을 협의하고 토론하는 등 참여하는 기회를 주고 일을 추진해 나가야 한다.

미국 남북전쟁의 리 장군Robert Edward Lee은 남군 사령관으로 전쟁에서 패했으나, 남군과 북군 모든 사람으로부터 추앙을 받았고, 말년에는 워싱턴대학 학장으로 교육에 헌신할 수 있었다. 업무의 명확한 목표와 방법을 정하기 위하여 구성원들이 갑론을박하는 토론을 허용했기 때문일 것이다. 자기는 전쟁을 반대했으나, 전쟁을 하자는 결정이 나자, 남군의 사령관의 임무를 맡아, 남북전쟁터로 말을 달려가면서 남겼다는 유명한 말 '논쟁은 끝나고 신념이 앞선다.'가 생각난다.

— 2015. 5. 30.

수룰 고을의 풍경

무더운 여름철에 나 혼자서 원평에서 수룰까지 걸어서 올라가자면 2시간 남짓 걸렸다. 그때는 1960년대 말쯤이어서 도로 사정이 좋지 않아 자동차는 다니기 어려웠다. 가다가 덥고 지겨우면 주평 외딴집 정자나무 밑에서 능그리 우는 소리를 들으며 앉아 쉬기도 하고, 시냇가에 불란서에서 온 신부님이 심었다는 서양 미나리가 있는지 살피면서, 개울의 징검다리를 건너기도 하며 올라갔었다. 이 원평천의 시냇물은 봉남면을 가로질러 벽골제로 흘러들었었다고 한다. 지금은 천변을 따라 신작로와 다리가 놓였고 시내버스와 승용차가 연락부절이지만, 볼거리도 만들고 산길이 나면 좋은 산책 관광 코스가 될 것이다.

수룰 골짜기는 토성과 석성이 여러 곳이 있고 고인돌과 고분이 많은 것으로 미루어 옛날 부족국가 시절에는 중요했던 곳으로 추정된다.

신흥리와 은곡 사이의 산에는 석성石城이 있는데 지금은 흔적만 남아 있고 돌들은 무덤을 만들면서 축대를 쌓는 데 사용된 듯하다. 이곳 석성의 돌들을 보면 둥그스런 모습이 산 아래 원평천에서 주워 왔을 것으로 짐작된다. 그 성 옆에는 도굴된 횡혈식 고분이 3기가 보인다. 나는 이곳에서 닳아빠진 달챙이 청동수저를 주웠었다. 이 고분은 오래전에 TV에도 소개된 적이 있다. 그곳 아래 시냇가에서 주웠다는 오랫동안 사용했을 점판암 조각으로 만들어진 돌칼石劍도 보았다. 주평 위 동쪽에 삼각형으로 보이는 성뫼라는 산이 있는데 토성土城이 있는 산이다. 성이 있는 산이어서 성뫼라고 했을 것이다. 그곳 맞은편 장전 부락 서쪽 산에도 토성의 흔적이 있다.

장전 부락에는 대장간 흔적이 남아 있는데, 옛날 왜란 때 승병들이 사용하던 무기를 만들면서 시작되었다고 한다. 지금은 대장간이 원평으로 옮겨져 낫, 호미 등 농기구를 만들고 있다. 이곳에서 만들어진 원평낫은 근동 농가에서 알아준다. 지금도 장전의 옛날 대장간 터에는 쇳물 덩어리가 보인다.

조금 더 올라가다 보면 시목동柴木洞·감나뭇골 미처 못 가 산등성이에는 고름장터라고 불리는 곳이 있는데, 이곳에는 도굴된 것, 흙이 침식되어 상판이 드러난 것 등 수많은 백제시대 고분들이 모여 있다.

용복 부락 앞의 언덕에는 고인돌支石墓.dolmen군으로 보이는 곳이 있다. 지금은 작은 바위 몇 개만 남아 있으나, 전에는 큰 바위가 더 있었다. 그 큰 바위들은 지금 어느 집 정원에 자리 잡고 있을까?

지금은 금성부락이지만 화율초등학교가 있는 지금도 주막거리라고 불리는 마을은 옛날 보부상褓負商들이 머물던 곳이었다고 한다. 보부상들은 금만경 들녘의 곡식과 해변의 해산물, 금산리 계곡에서 생산되는 도자기 등을 노령산맥을 넘어 무진장, 칠보, 담양, 곡성 등으로 공급하여 주었는데, 한두 사람으로는 산적들이나 산짐승의 위험을 막을 수 없어 주막거리의 주막에 묵으면서 동행할 사람들이 많아질 때까지 기다렸다는 것이다.

평지마을을 지나 더 산 쪽으로 올라가면 상화마을이 있는데, 이곳에는 호남에서는 두 번째인 1895년에 설립된 수류성당이 있다. 관가의 서양종교 박해를 피해 산골로 숨어 들어온 표본이 되는 성당이다. 이 성당에서 1908년에 서당과는 다른 교육을 하는 근대학교인 수류인명학교가 시작되어 어린 학생들뿐 아니라 성년의 주민들까지 모아 놓고 가르치다가 1942년에 화율학교에 병합되었다. 지금은 가톨릭 신자들의 피정避靜시설도 갖추었고, 가까운 골짜기에 수영장도 만들어 여름철 좋은 휴양지가 있는 성당이 되었다.

금성리 서편에서 상두산을 올라가다 보면 수많은 진달래, 철죽꽃이 봄철에는 장관을 이룬다.

상두산 봉우리(해발 545m)에는 상두산성의 석성 흔적이 지금까지 뚜렷하게 남아 있는데, 후백제 견훤이 조성했다는 말이 전해지고, 정여립이 대동계를 만들어 이곳에서 호연지기浩然之氣를 길렀다고 한다. 이곳에서 내려다보면 서해, 금만경 평야와 새만금, 정읍 옹동 산외 지역 일대를 환히 볼 수 있다.

여기서 서북쪽 아직동으로 내려가다 보면 넓은 분지盆地가 있는데 이곳은 오랜 옛날 고생대나 중생대 시대에는 화산 분화구이었을 것 같은 생각이 든다. 지금은 억새풀과 갈대, 갯버들 등 잡초로 무성한 곳인데 조그만 도랑이 있어 물이 흘러내리고 있으나 옛날에는 그 일대가 늪지대이었을 것으로 보인다. 주변이 산에 둘러싸여 있고 흘러내리는 곳이 좁아 조금만 막으면 이 일대는 창영 우포늪에 버금가는 늪지대가 될 수 있을 것이다. 향토 사학자였던 고故 최순식님은 공룡의 머리와 목뼈 화석을 소장하셨는데, 화율리에 살던 분이 가져온 것으로, 어느 지점에서 발견된 것인지 사망하셔서 알 수가 없다고 한다. 중생대쯤 상두산 아래 늪지대의 물밑 퇴적층에 공룡 화석이 생성되어 묻혀 있다가 물이 빠지고 침식되어 화석 흔적이 드러났을 것으로 추정된다.

마지막으로 빼놓을 수 없는 사실은 수룰 골짜기의 입구라 할 수 있는 귀미란에는 잊을 수 없는 슬픈 역사의 흔적이 있다. 동학혁명운동(1894년)이 실패하여 원평 뒷마을 귀미란에 마지막으로 동학군이 집결해 있을 때 관군과 일본지원군이 연합하여 동학군을 무참히 섬멸하였다. 온 마을 들판과 원평천이 핏빛으로 물들고 동학군 시체가 널려 있었다고 한다. 이 무명의 동학군 시체는 귀미란 뒷산에 묻혀 지금까지 방치되어 있고 무덤 위에는 소나무가 울창하다. 지금은 해마다 봄철에는 김제동학혁명기념사업회가 주관하여 위령제를 지내며 억울하고 슬픈 영혼을 달래고 있다. 봄에 마을 앞 논을 갈다 보면 지금도 소총 탄환이 나오고 있다. 아랫마을에 남아있는 동학 집강소가 새로 단장되고 있다.

향토 사학자를 따라다니면서 들었던 수룰 골짜기의 몇 곳 유적을 열거해 보았으나 내가 모르는 사실도 많이 있을 것이다. 언젠가는 밝혀지리라고 기대하며, 금산면 일대는 지표조사를 해야 할 가치가 있다고 본다.

— 2014. 1. 26.

— 김제 지평선매거진 2014년 3월호에 기고

제2장

여명

여명黎明

1

오늘날 과학은 우리 일상에서 사용하던 어떤 규모보다 훨씬 멀거나, 미세하거나, 또 고속의 현상을 관찰하고 있다. 과학자들이 자연 현상을 보다 넓고 깊게 탐색할 수 있는 장치들을 발명했기 때문이다. 전자현미경, 레이저, 소립자 가속장치, 사진기술, 컴퓨터, 충격파장치, 전파망원경, 플라스마… 등의 성능은 놀랄 만큼 획기적인 것이다.

시간은 전 우주에서 물질과 공간에 관계없이 똑같이 흐른다고 생각되었다. 20세기에 들어 이론물리학자 아인슈타인은 시간은 절대 불변하다는 사고를 뒤집어, 시간이 느리거나 더 빠르게 흐르기도 하고, 빛은 휘어져 진행하기도 한다고 밝혔다.

우리 인식의 세계에서는 이해할 수 없는 이런 현상이 우주 어느 곳에서는 일어난다고 본다. 예를 들면 거대한 별이 붕괴되어 만들어지는 블랙홀black-hole은 빛을 포함하여 모든 것을 빨아들이면서 시간조차 정지되어 버린다고 한다. 파인버그 박사는 타키온tachyon이라는 입자가 있다는 가설假說을 세우고, 이 타키온은 빛보다 빠르게 운동하므로 그 세계에서는 시간이 거꾸로 흐를 것이라고 했다.

빛은 전자기파로 진행된다고 하지만, 원자의 차원에서 에너지를 주고 받을 때에는 광자光子·photon라는 입자 성질의 알갱이이다. (아인슈타인의 광전효과: 1921년 노벨상 수상)

오늘날 낯선 과학적 인식은 새로운 발전을 가져오게 하고 있다.

이미 20세기 초 발표된 아인슈타인의 특수상대성 이론과 플랑크의 양자가설量子假說은 뉴턴의 기계적 역학적 자연관과는 다른 것이다.

1930년 이후 물질의 극미極微구조에 대한 연구가 원자핵 내부구조로 진행되어 양성자, 중성자, 중간자, 중성미자가 발견되고 실험적으로 그 존재가 확인되었다. 이런 미립자의 종류는 약 300종 이상이 되고, 서로 변하기도 하고 소멸하기도 한다.

쿼크quarks라는 만물을 형성하는 기본 소립자에서 퀘이사quasar · 恒星狀天體까지 새로운 소립자나 천체 물리학적 현상을 연구하고 있으니 언젠가는 밝혀지리라.

이 기회에 참고로 불교에서 사용하는 미시微視 또는 거시적巨視的인 단위를 정리해 보고자 한다.

불교경전 '잡아함경雜阿含經' '대비바사론大毘婆娑論' '대지도론大智度論'에 겁劫이란 시간단위가 나오는데, 천지가 한 번 개벽한 때부터 다음 개벽할 동안이란 뜻으로, 상상할 수 없는 무한히 긴 시간이다. 우주가 성립되어 존속하다가 파괴되어 없어지는 生·住·壞·滅 시간을 말하며, 몇 억 만년이나 되는 무한한 시간이다.

한 변이 약 15㎞(1由旬)가 되는 정육면체 상자에 겨자씨를 가득 채우고 100년마다 겨자씨 한 알씩을 꺼낸다. 이렇게 겨자씨 전부를 다 꺼내고 겨자씨가 없어질 때까지가 1겁이라는 시간이다.

사방이 1유순由旬·15㎞이나 되는 큰 반석盤石을 100년마다 한 번씩 흰 천으로 닦는다. 그렇게 해서 그 돌이 다 닳아 없어져도 1겁은 끝나지 않는다고 말한다. 앞의 것을 겨자겁芥子劫, 뒤의 것을 반석겁盤石劫이라고 한다.

지극히 짧은 시간을 나타내는 단위도 있다.

찰나刹那는 10^{-18}초로 탄지彈指, 10^{-17}라는 단위의 1/10이고, 육덕六德은 10^{-19}초이다. 허공虛空은 모양과 빛이 없는 상태의 시간으로 10^{-20}초이다. (* $10=10^1$, $100=10^2$, $1/10= 10^{-1}$, $1/100=10^{-2}$)

현재 과학에서는 미세하거나 거대한 또는 고속의 현상을 연구하고 있다. 1cm의 $1/10^{15}$, 즉 1천조 분의 1cm의 세계를 연구하고, $1,0^{23}$㎞ 밖의 우주를 탐색할 수 있다고 한다. 또 $1/10^{22}$초(10^{-22}초) 의 짧은 시간에 일어나는 현상을 연구하고 있다고 한다.

미국 국립항공우주국(NASA)은 1958년부터 파이어니어 계획Pioneer Project으로 행성탐사行星探査계획을 추진하고 있다.

파이어니어 11호는 목성에 접근하여 목성의 대기와 방사선 등에 관한 여러 가지 자료를 지구에 보내왔다. 1972년에 발사된 파이어니어 10호는 목성의 강력한 중력을 이용하여 태양계의 바깥쪽으로 비행경로를 바꾸어 태양계를 벗어난 최초의 인공위성이 되었다. 그 10호에는 혹시 외계인을 만날지도 모른다는 희망에서 지구인이 외계인에게 보내는 메시지가 실려 있다. 파이어니어 10호의 지구 남녀의 모습과 지구의 위치가 새겨진 메시지를 보고, 먼 우주의 어느 곳에 사는 지능을 가진 생물로부터 보내오는 신호를 받아볼지 모른다.

한편 11호는 목성 접근 후 비행경로를 토성으로 바꾸어 79년 9월에 토성의 고리 위를 지나며 토성의 고리와, 자기장, 위성 등에 대한 귀중한 관측 자료를 지구로 보내왔다. 78년 5월, 미국은 파이어니어비너스 1호를 발사하는 데 성공하였다. 파이어니어비너스 1호는 같은 해 12월 4일 금성 상공 6만 5,000㎞의 궤도에 무사히 진입하여 금성의 위성이 되어서 금성표면 관측을 시작하였다. 이어서 같은 해인 78년 8월 파이어니어비너스 2호가 발사되었다. 파이어니어비너스 2호는 금성에 접근하자 크고 작은 4개의 부분으로 분리되어 12월 9일 금성표면의 각기 다른 네 장소에 도착하여 관측을 시작하였다. 관측 자료는 금성 상공을 돌고 있는 파이어니어비너스 1호의 중계中繼에 의하여 지구로 송신하는 방법이 이용되었다. 금성은 두께가 500km나 되는 이산화탄소의 구름으로 덮여 있으며, 이 구름 때문에 생긴 온실효과溫室效果로 표면온도가 470℃나 된다는 것이 밝혀졌다.

우주탐사는 자연자원과 에너지의 고갈, 식량문제를 해결하기 위한 연구가 되고 있다.

2

현재 우리 인류가 해결해야 할 당면 과제 중 과학이 해결해야 할 것은 환경오염 문제와 에너지 문제이다.

환경문제는 과학과 사람의 양심과 양식良識이 연관된 것이어서 완전 해결이 어려운 문제이겠으나, 에너지 문제는 해결될 것으로 전망되고 있다.

열전자발전은 고온으로 가열된 물질로부터 나오는 열전자thermo-electron방출을 이용하는 발전이다. 두 개의 금속판을 마주 보게 하여 한쪽을 고온, 다른 한쪽을 저온으로 유지하면 열전자熱電子가 고온금속(음극)에서 저온금속(양극) 쪽으로 흐르게 되는 현상을 이용한 것이다. 그러나 열전자발전의 효율을 실용성이 있는 정도로 높이기 위해서는 열전자 방사체放射體가 전기의 양도체良導體인 동시에 열전도율이 낮은 물질이어야 하는데, 방사체放射體의 재료개발은 많은 문제점들이 있다고 한다. 열전자발전기는 소형 · 경량 제작이 가능하고 움직이는 부분이 없으며 진동 등의 문제점이 없기 때문에 태양열 · 방사성동위원소 · 원자로 등을 열원熱源으로 하는 발전이 연구되고 있는데, 특히 원자로 열을 이용할 경우는 연료 자체를 고온부(음극)로 쓸 수 있는 이점이 있다. 1994년부터 열전자 발전기 실용화를 위한 연구를 하고 있고, 최대효율 15~20%, 최대출력 10~20W/㎠ 정도의 것이 제작되었다.

수소에너지hydrogen energy는 수소의 원료인 물이 무한하게 많고, 연소하더라도 연기를 뿜지 않는 등 미래의 무공해 에너지원으로서 희망을 준다.

수소는 인류 궁극窮極의 연료일 것이다. 1973년 말의 석유 위기 이래

각국에서 활발히 탈脫석유기술 연구를 하고 있는데 수소에너지 개발이 가장 중요하다. 현재 세계의 수소 소비량은 수백 억m^3에 달하지만 대부분 석유탈황石油脫黃, 암모니아 제조 등 화학공업부문의 원료로 쓰이며, 그 제조기술이 물을 원료로 해서 값싸게 대량생산할 단계에 아직 이르지 못하여 열원熱源으로서의 이용도는 아주 낮다. 따라서 각국은 그 제조기술 개발에 노력하고 있는데, 현재 연구되고 있는 주된 제법으로서는 우선 원자력발전의 전력으로 물을 전기분해하는 방법이 있지만 효율이 낮고, 핵연료를 쓴다는 난점이 있다. 또 여러 종의 물질을 결합시키고 원자로의 열을 이용해서 여러 단계의 화학반응을 일으켜 최종적으로 물을 수소와 산소로 분리시키는 방법이 연구되고 있지만 설비 투자가 너무 많다고 한다. 물속의 반도체에 태양빛을 쬐어 물을 직접 분해하여 수소를 만들 수 있다고 하나 아직 생산효율이 낮아 더 연구를 해야 한다고 한다.

녹색식물은 엽록체에서 광합성을 하면서 물과 이산화탄소가 햇빛에너지를 이용하여 당류 등의 유기물을 만들고 산소를 발생한다.

이 과정에서 광화학반응光化學反應으로 물이 분해되는데, 순간적으로 일어나는 이 반응의 메커니즘mechanism이 정확히 밝혀지면 수소생산은 쉽게 해결될지도 모른다.

2014년 9월 15일에 서울대학교 화학생물공학부 이종협 교수팀은 햇빛의 가시광선으로 물에서 수소를 지금까지보다 74배 높은 효율로 분리할 수 있는 촉매를 개발했다고 밝혔다. 9월 16일 동아일보에 보도된

관련기사를 옮겨보면,

> 연구팀은 가시광선을 이용해 물에서 수소를 분리할 수 있는 촉매인 금 나노nano입자에 주목했다. 가시광선을 흡수한 금 나노 입자는 '열전자'를 방출해 물에서 수소를 분리할 수 있다. 연구팀이 고高 에너지를 가진 자외선 대신 약한 가시광선을 이용한 것은 자외선보다 가시광선이 태양광에 풍부하게 포함되어 있기 때문이다.
>
> 문제는 금 나노 입자에서 방출되는 열전자의 수명이 너무 짧아 반응효율이 낮다는 것이었다. 연구팀은 금 입자에 나노 소재를 붙여 열전자의 수명을 늘리는데 성공했다. 이렇게 만든 촉매는 금 나노 입자만 사용했을 때보다 74배 많은 양의 수소를 생산했다.
>
> 이 교수는 "새로운 촉매를 이용하면 물에서 수소 대신 전기에너지도 직접 얻을 수 있어 물만으로 작동되는 가전기기, 자동차도 만들 수 있을 것"이라며 "지속적으로 연구하면, 1,2년 안에 상용화 할 수 있을 것"이라고 설명했다. 이번 연구는 글로벌프런티어사업단 멀티스케일 에너지시스템 연구단의 지원을 받아 수행됐다. 이 연구결과는 화학분야 권위지 '앙게반테케미' 2014년 8월 28일자 온라인 판에 실렸다

이 연구가 완전히 성공한다면 기적이 될 것이다. 기고만장하던 산유국의 기氣도 꺾일 것이고, 환경오염 문제도 없을 것이고, 국제분쟁도 많이 줄어들 것이다.

1953년 영국 케임브리지에서 생물학자 제임스 왓슨이 목로주점에 앉아 친구들과 담소하고 있는데, 동료 프란시스 크리크가 뛰어 들어오

더니 흥분한 목소리로 '들어보세요, 여러분. 우리가 생명의 정체를 발견했어요.'라고 말했다. 왓슨과 크리크가 DNA 유전자의 본체 구조를 규명糾明하여 생명공학의 여명을 알리는 외침이었다. 이 두 사람에게 1962년 노벨상이 수여되었다.

서울대학교 이 교수의 수소연구팀이 성공한다면 유전자의 정체를 규명한 것 보다 훨씬 더 획기적인 경사를 가져다 줄 것이다. 노벨상감일 것이다. 약소국 코리아 사람이라고 홀대치 못하리라.

새로운 물질, 특히 생물은 신神만이 만들 수 있다던 주장은 1907년 독일 하버가 암모니아를 합성하고, 1909년 미국 베이클랜드에 의해 고분자 물질이 합성되고, 세포, 줄기세포까지 만들 수 있는 현재 유전공학에 의해 반박된 지 오래다.

3

7월 3일 내 이메일에 획기적인 소식이 도착했다.

캘리포니아 주 샌디에이고에서는 한국과 미국을 먹여 살릴 새로운 에너지, 21세기 기적을 만들 Green Nuclear Energy의 실용화를 위한 연구가 미국 해군항공 · 해양 전투시스템 연구소의 자본과 한국계 회사 JWK(대표 J · W · Khim 김재욱 박사)의 기술진이 합류하여 진행되고 있고, 희망적이라는 희소식이다.

핵융합은 바닷물에 풍부한 중수소, 삼중수소와 리튬을 플라스마 상태에서 반응시켜 헬륨을 만들면서 커다란 에너지를 만드는데, 수소폭탄과 같은 원리인 것 같다.

지난 17년 동안 약 2,000만 달러를 투입, 성공시킨 프로젝트들이

2009년 3월 24일 국제 핵관련 심포지움에서 발표되어 모두를 놀라게 했다고 한다.

저온핵융합기술은 바닷물 1m^3와 핸드폰 한 개에 들어가는 정도의 리튬Lithium을 가지면 우리 가정에서 10년 쓸 석유보다 많은 양의 에너지를 생산할 수 있다고 한다. 필요한 중수소는 우선 원가가 싸고 바닷물 속에 무한정하며, 에너지를 만들고 난 후에 핵폐기물도 생기지 않아 경비도 크게 절감될 것이다.

관련된 기술은 미국 해군과 공유하지만, 실용화와 관련된 권한은 JWK · 김재욱 박사가 마음대로 할 수 있다고 한다.

우리나라에서도 한국기초과학지원연구원 내에 핵융합연구개발 사업단이 10년 전 설립되어 핵융합연구를 하고 있다고 한다. 우리나라 사람이 주도하여 에너지 문제가 해결되었으면 하고 기대해 본다.

'부처님, 하나님, 신령님! 여명黎明입니다.
진짜 이 여명을 우리 한국인이 펼치게 해 주십시오.'

— 2015. 7. 3.

5월 2일은 O_2(산소)의 날

5월은 어린이날, 어버이날, 근로자의 날 등등 기념일과 축제가 많기도 하다. 땅위의 빛깔과 기후가 좋아 정하다 보니 그리되었을 것이다. 여기에 언제부터인지는 모르겠으나, 5월 2일은 오이 날이고, 산소(O_2)의 날이 더해져 재미가 있다. 오이의 날은 오이를 비닐하우스에서 경작하는 농가를 배려하여 오이 소비를 촉진하기 위한 상술일 성싶다. 오이는 영양과 맛도 있고 여자들 얼굴 마사지에 쓰이기도 한다. 재래종 붉은 오이는 인후咽喉에 좋다고 하여 나는 설탕에 절여 먹어 본 적도 있다. 여러 요리가 있을 것이나 요리법을 더 개발하여 더 많이 소비되었으면 한다.

비약해서 만든 감은 있으나, 5월 2일 · 산소(O_2)의 날은 그런대로 환경 문제를 반추反芻케 한다. 갈수록 공기가 오염되고 생물의 생태계에 영향을 크게 미치고 있어 걱정의 소리가 높아지고 있다. 요즈음 제비가 공장이 많지 않은 전주에서도 보이지 않아 이제 제비는 도태됐나보다고 생각했으나 많지는 않아도 아직 농촌에서는 볼 수 있었다. 최근까지도 제비가 얼마나 많았던가? 제비는 가정집 처마 밑에 집을 짓고 새끼를 낳아 키우기 때문에 영어로도 house swallow라고 하고 서양에서도 사랑받고 있는 듯하며, 농작물에 해로운 벌레를 잡아먹기 때문에 익조益鳥이다. 공해 때문에 제비 수가 많이 줄었으니 지표생물指標生物 노릇을 하는 새가 되었다. 환경에 적응능력이 가장 좋은 인간이지만, 다른 생물이 줄어드는 것을 보고 수수방관할 수만은 없는 심각한 문제이다.

공기를 오염시키는 물질은 연료인 화석연료가 연소하면서 나오는데 가장 많이 나오는 이산화탄소는 큰 문제는 아니지 싶다. 식물 광합성의 원료가 되어 유기물과 산소로 순환되기 때문이다. 그러나 개발로 인하여 숲이 줄어들고 있는 것은 문제다. 숲과 나무 등 식물은 폭우에 산사태를 방지하고 흙의 유실을 막아주는 역할과 이산화탄소를 분해하여 유기물을 만들고 산소를 배출하는 광합성 기능을 통해 지구의 생물들과 인류를 생존할 수 있게 한다. 식물의 광합성은 인류 생활에 관련된 의식주와 약초, 관상 욕구까지를 해결할 수 있게 해주고 있는 것이다.

우리 인류가 기필코 해결해야 할 최대의 이슈issue는 에너지 문제이다. 에너지원이 부족하고 값이 비싸서 열강列強의 각축전角逐戰이 유전에서 벌어지고, 이러한 경쟁은 커다란 국제적인 분쟁紛爭이 되어 양보가 없다. 자기 나라에 현재 가지고 있는 유전은 아껴두고 다른 곳에 있는 원유부터 개발하여 쓰고자 하는 경쟁은, 에너지는 생명이니, 자기

나라의 국민만은 오래 살아남아야 한다는 욕심이다. 하늘도 두렵지 않은 모양이다. 국가 간에도 배려가 있고 양보도 있어야 하지 않겠는가?

에너지 문제가 해결되면 국가 간의 분쟁도 많이 줄어들 것이다. 어떻게 해결할 것인가?

근본적인 해결은 물을 에너지원으로 하는 것이다. 그렇게 되면 공해 문제도 발생하지 않는다. 물을 분해하면 수소와 산소가 만들어 지는데 수소는 최량最良의 에너지가 될 수 있는 것이다. 물은 지구에 제일 많은 물질로 지구상에 13억 3,000만㎦이 있으므로 고갈될 우려가 조금도 없다. 수소연료는 타면 다시 물이 된다.

물을 분해한다는 것은 쉬운 일이 아니다. 전기분해를 하면 쉽게 분해되나 생산비가 많이 소요所要되므로 채산採算이 맞지 않는다.

반도체가 물속에서 햇빛에너지를 이용하여 물을 분해하여 수소를 만들 수 있다고 하나, 양이 적어서 실용화가 되지 않고 아직 실험단계에 있다.

식물은 광합성 작용을 하면서 엽록체에서 햇빛을 받아 쉽게 물을 분해하는 과정을 거치게 된다. 광합성 작용은 식물의 엽록체에서 빛에너지를 이용하여 이산화탄소(CO_2)와 물(H_2O)을 분해하여 유기물질(포도당, 녹말 등)을 만드는 화학반응이다.

엽록체를 가진 식물들이 광합성 작용을 하여 산소와 유기물질을 만드는 능력을 가지고 있으나, 우리 인간은 그러지 못한다. 공장에서 쌀, 밀가루를 만들 수가 있다면 농사를 지을 필요가 없을 것이고, 논에 채소, 화초와 소나무 등 관상수를 심어 놓으면 얼마나 좋을까.

아니 그렇게까지는 못할지라도, 물을 분해하는 능력이라도 가진다면 얼마나 좋을까? 가까운 세월에 물을 분해하여 값싸고 쉽게 수소를 대량 생산할 수 있을 것으로 기대하면서 연구하고 있는 사람들이 있다. 대량으로 수소를 생산하는 쉬운 물 분해 방법을 찾은 사람이 우리나라 사람이면 얼마나 좋을까? 노벨상이 문제인가. 그보다 더 큰 상을 만들어 큰 공적이 있는 사람에게 줄 수 있을 것이다.

제목에 산소가 나오면 주제가 산소가 돼야 하는데 그러지 못 했으니 마무리라도 산소 이야기를 조금만 해야겠다.

물 분해가 쉬워지면 산소가 많아서 문제가 될까? 산소가 너무 많아도 위험하니까 걱정이 될지도 모르겠다. 나뭇가지에 불을 붙인 후 불꽃을 끄고 산소통 속에 넣으면 다시 불꽃이 일면서 무서울 정도로 맹렬히 타버린다. 병원에서 환자들에게 산소 호흡을 오래 해도 해롭다고 한다. 무엇이고 좋다고 많을수록 좋은 것은 아니다. 그래도 물의 분해가 쉽게 많이 이루어졌으면 좋겠다. 산소가 많아 생기는 문제점은 쉽게 해결될 것이니까. 에너지 문제가 해결되면 금전 문제나, 국가 간의 분란까지도 우연만 하면 생기지 않을 것이다.

— 2015. 5. 3.

겨자씨 속의 수미산

1

선문답禪問答은 참선하는 사람들끼리 진리를 찾기 위해 주고받는 건전한 대화일 경우가 있는가 하면, 별 의도 없이 한가로이 상대를 시험해 보는 농담 따먹기도 있었던 것 같다.

어느 날 한 스님이 석두선사를 찾아와 물었다. 석두선사(A.D. 700~790년, 당)는 혜능선사의 문하에서 사미沙彌시절을 보낸 스님이라고 한다.

"무엇이 해탈입니까?" 찾아온 스님이 물었다. 석두선사는,

"누가 너를 속박하더냐?"라고 되물었다. 다시 그 스님은,

"어떤 곳이 정토淨土입니까?" 하고 물었다. 석두선사는,

"누가 너를 더럽혔느냐?"라고 대꾸했다. 스님이,

"무엇이 열반죽음인가요?" 하고 또 묻자, 석두선사는,

"누가 너에게 생사를 주었더냐?"라고 꾸짖었다고 한다.

중국 당나라 때 선비 이발은 승려 귀종선사와 만나 대화를 나누었다. 이발은 평소 독서량이 많았으니, 불경도 읽었을 것이고 의문스러운 것도 많았을 것이다.

"유마경에 보니 '수미산이 겨자씨 속에 들어갔고, 바닷물이 털구멍 속으로 들어간다.'는 구절이 있던데, 이런 것은 거짓말을 기록해 놓은 것 아닌가요?"라고 화두話頭를 던졌다.

귀종선사는,

"선비께서는 독서량이 많아 수천 권의 책을 읽고 알고 있으니, 이 선비의 머릿속에는 수천 권의 책이 들어 있는 셈이라고 해석하는 것과 같이 생각하세요." 하고 말을 받았다는 이야기가 있다. 스님과의 대화는 선문답禪問答이 많다고 하던데, 이런 이야기는 건전하고 진지한 대화라고 할 수 있겠다.

2

내가 과문寡聞한 탓인지 모르겠지만, 경전을 읽다보면 과장됐지 싶은 표현이 있다고 느낄 때가 있다.

반야심경에도 나오는 '…오온개공五蘊皆空(色 · 受 · 想 · 行 · 識이 공空과 다르지 않으며)…色不異空 空不異色'에서 색色은 눈에 보이는 물질의 세계이고, 공空은 비어 없다는 뜻으로 불교에서는 세상의 모든 것은 인연에 따라 생긴 가상假相으로 덧없고 헛된 모습이고, 영구불변의 실체가 없다고 한다. 반야심경은 늙고 죽음도 지혜도 얻을 것도 없다고 하면서, 아니 불不자와 없을무無자, 빌 공空자가 너무 많이 등장했다고 생각된다. 반야바라밀다심경도 부질없는 것이면, 있을 필요가 없는 경經이 아닐까?

역시 하나의 선문답일 수 있겠다 싶다.

그 무수히 많은 별을 두고 하늘 공간에 아무것도 없다고 하면 믿을 사람이 있을까? 생주괴멸生住壞滅하여 언젠가는 없어질 것이니 없다고 하면, 과장된 표현일 성싶다. 사물이 생기고 머물고 변하고 소멸하는 현상은 자연스럽게 일어나는 현상이지, 그렇다고 없거나 비었다고 할 수 있겠는가? 존재함이 있어야 없어지는 현상도 나타날 것이다.

불경은 불타佛陀·Buddha의 말씀을 기록한 것으로, 인도 산스크리트어로 기록되어 있는 것을 한문으로 번역한다는 것은 정말 어려웠을 것이다. 산스크리트어는 표음문자이고, 한문은 표의문자이기 때문에 더욱 그랬을 것이다. 우리말에서도 토씨 하나 달라지면 뜻이 달라지는 경우가 있지 않던가? 마음속에 있는 뜻을 말로 표현하고, 글로 표현하기는 어려운 것이다. 산스크리트어를 한문으로 번역하고 한문을 우리말로 바꾸었으니, 어순이 다르고 사고방식이 다른 사람끼리 제대로 통하지 않는 것이 많을 것이다. 없고 빈 것이 그대로 없는 것이 아니라고도 하니 선문답을 하는 것 같다. 그래서 불교에 관한 대화는 선문답이 많은 것인가? 연기적 불법佛法의 진리로 이해하라고 하니 나로서는 답답할 노릇이다.

3

화엄경華嚴經에 물질세계에 대한 설법이 있다고 한다.

대개 물체는 물질이 모여서 이루어지는데, 한 물질은 같은 구조와 성질을 가진 무수한 분자들이 모여 이루어진다. 분자는 물질의 기본단

위이고, 물질마다 분자들은 각각 다르다. 원자하나로 된 분자도 있고 두 가지 이상의 원자로 된 것도 있고, 많은 같은 분자들이 고분자를 만들기도 하며, 분자가 다른 원자들이 만드는 것도 있어 여기서 열거하기 어렵다. 그 작은 원자 속에 전개되는 세계도 신비하여, 크기가 달라 그렇지 실제 우주와 비견比肩되기도 한다.

화엄경에서 이야기하는 보현보살의 몸속에 있는 우주와, 낱낱의 티끌 안에는 또다시 수많은 세계가 있다는 것이다.

그리고 그렇게 하여 가장 작은 티끌 속의 세계는 다시 무한히 큰 세계와 또 연결된다.

큰 공간 안에 작은 공간이 무수히 층층이 들어있는데, 가장 작은 공간이 또 다시 무한히 큰 공간과 연결되는, 이런 언뜻 이해가 안 되는 우주 구조를 화엄경에서는 그리고 있다.

(보현보살마하살께서 말씀하시었다)

온갖 세계 국토들이 내 몸에 들고, 거기 계신 부처님도 그러하나니, 너는 나의 모공毛孔을 자세히 보라. 지금 부처 경계를 네게 보이리라.

한 털구멍 속에 있는 엄청난 세계, 티끌처럼 가지가지가 머물렀는데 세계마다 비로자나 세존 계시어, 대중에게 묘한 법문 연설하도다.

무량겁이 한 겁 속에 들기도 하고, 한 겁이 무량겁에 들기도 하여, 온갖 겁의 가지가지 다른 문으로, 시방의 모든 국토 밝게 나타나도다.

어떤 때는 모든 겁의 장엄한 일을, 한 겁 속에 골고루 보기도 하고, 한 겁 속에 장엄한 여러 일들이, 끝이 없는 온갖 겁에 들기도 하네.

(『화엄경』, 『세계 성취품』에서)

무한한 시간 역시 한 찰나이고, 이 또한 무한한 시간 속에 포함된다.

불자들이여, 보살마하살이 열 가지 지혜에 머무르면 열 가지에 두루 들어가게 되나니, 무엇이 열인가.

일체 세계가 한 터럭만한데 들어가고, 한 터럭만한 것이 일체 세계에 들어가며, 일체 중생의 몸이 한 몸에 들어가고, 한 몸이 일체 중생의 몸에 들어가며, 말할 수 없는 겁이 한 찰나에 들어가고, 한 찰나가 말할 수 없는 겁에 들어가며, 일체 부처님 법이 한 법에 들어가며, 한 법이 일체 부처님 법에 들어가며, 말할 수 없는 처소가 한 처소에 들어가고, 한 처소가 말할 수 없는 처소에 들어가며, 말할 수 없는 근根이 한 근에 들어가고 한 근이 말할 수 없는 근에 들어가며, 모든 근이 근 아닌 데 들어가고 근 아닌 것이 근에 들어가며, 일체 생각이 한 생각에 들어가고, 한 생각이 일체 생각에 들어가며, 일체 음성이 한 음성에 들어가고, 한 음성이 일체 음성에 들어가며, 일체 삼세가 한 세상에 들어가고, 한 세상이 일체 삼세에 들어가나니….

(『화엄경』, 『보현행품』에서)

화엄경에서 말하는 우주는 무한 반복하는 우주이며, 가장 큰 것이 가장 작은 것과 연결된다. 작은 것들이 모여 큰 것을 이룬다.

은하銀河의 흐름과 대기大氣의 흐름, 바닷물의 흐름, 원자 속의 전자 흐름은 비슷비슷한 점이 많다.

신라시대의 의상(625~702, 선덕여왕 때)대사의 시의 일부이다.

一中一切多中一　　하나 속에 일체, 일체 속에 하나
一卽一切多卽一　　하나가 곧 일체, 일체가 하나
一微塵中含十方　　한 티끌 속에 온 세상
一切塵中亦如是　　모든 티끌 속도 이와 같으리
眞性甚深極微妙　　진리는 지극히 깊고 멀고 미묘하리.

화엄일승법계도華嚴一乘法界圖에 나오는 시문이다.

화엄세계는 과거, 현재, 미래에 동시에 머무를 수 있고 왔다 갔다 할 수 있는 4차원의 세계인 것 같다. 비행접시를 쫓던 제트기가 미래나 과거로 가버린 비행접시를 놓치는 현상과 같이, 비행접시가 간 세상이 화엄세계일까?

거울 두 개를 마주 비추면 무한히 그 안에서 거울 속의 상이 반사되어 수많은 상이 나타나 2차원 안에서 3차원의 착각을 만들게 된다.

이천 년 전에 4차원을 방불하게 하는 화엄의 세상을 사유思惟했음이 놀랍다.

— 2015. 6. 22.

국민성 이야기

언제 어디서 읽었던 내용이고, 언제 일어난 일인지도 모르겠다. 내게 느낌이 있었던 내용이어서 내 기억에 남아 있는 것 같다.

일본과 영국의 남극 탐사 때에 있었던 일이다. 영국 탐험대와 일본의 탐험대 사이에 가치관 차이를 비판하며 서로를 비난했다고 한다. 남극탐험을 마치고 귀국을 하면서 썰매를 끌던 개를 처분하는 방안에 대한 두 나라의 다른 점에 대한 이야기다.

일본 탐사단은 개들이 잘 살아주기를 바라면서 남겨두고 떠나왔다고 한다. 영국 탐사대는 개들을 사살하고 귀국을 하면서, 조만간 배가 고픈 개들이 서로 잡아먹게 되는 약육강식의 지경이 될 것인데, 남겨두고 가는 것은 무자비한 짓이라고 일본 사람들을 비난했다고 한다. 일본인들은 영국 사람들이 개들을 부려먹다가 필요 없으니 죽이는 것은 무자비한 짓이라고 비난했다는 것이다. 서로가 잔인하다고 비난한 것이다. 나는 두 나라 사람들 모두 나름대로 바르게 판단하여 취한 조치로 보인다. 일본 사람들은 불교의 환경이 우세한 나라 사람들이기 때문에 동물을 죽이는 일도 소홀한 판단을 하지 않을 수 있다. 영국인들도 상황판단을 냉철히 하여 처리를 했을 것으로 생각한다.

이런 일들을 놓고 서로 말이 오가고 토론이 벌어지게 되면, 그 나라 사람들의 국민성이 어떻고, 어떻게 행동한다고 비교를 하면서 평가를 하게 된다. 국민성 이야기를 들으면 해학적諧謔的인 때도 있고, 시니컬할 때도 있지만 자학적일 때도 있다.

꾸며낸 이야기이겠으나, 여러 나라 사람들이 모여 자기 나라 국민성을 이야기하며 자랑을 하게 되었다. 영국 사람이 '우리 영국 사람은 신사도가 몸에 배어 있지요.' 했고, 일본인은 '일본 사람들은 누구에게나 친절 합니다.'라고 했다. 프랑스 사람은 '프랑스 사람은 관용을 실천합니다. 그래서 IMF 총재였던 스트로스 칸의 성추행까지도 비판하는 언론이 없었습니다.'라고 했고, 독일 사람은 '우리 독일 사람은 근면하지요.'라고 자랑했고, 미국 사람은 '미국 사람 개개인이 프런티어 정신으로 개척하여 인류 공영에……중얼중얼' 하니, 우리나라 사람이 '거참, 빨리 빨리 끝내고 앉으시오.'라고 했다는 것이다. 우리나라 사람들은 조급성이 있다는 이야기다.

신사紳士인 영국인들은 휴머니스트인가? 영국인들은 중국과의 무역적자를 만회하기 위해 1840~42년의 아편전쟁으로 중국 사람들을 얼마나 괴롭히고 죽였던가? 이 전쟁에서 영국인 사상자는 520명이었으나, 중국인은 2만 명의 사상자死傷者가 생겼다. 또 인도印度에서는 인도적人道的인 정책을 폈던가?

독일은 어떻고, 프랑스는 또 어떠하며, 스칸디나비아 국가들은 어떤가? 서구西歐의 국부國富는 대부분 정당하게 쌓았다고 할 수 없다.

친절한 자비정신 때문에 개도 죽이지 못한다는 일본 사람들이 세계 2차 대전 직전의 중·일 전쟁 중 1937년 12월부터 1938년 1월까지 중국의 수도 난징과 주변에서 중국인 포로와 일반시민 30만 명을 학살했고(난징대학살 사건), 난징 점령 뒤에도 4만 2,000명을 살해하였다. 1919년 3·1운동 때 일본은 우리 국민 7,509명을 죽였고, 1920년 청산리전투의 보복으로 일제가 중국 마적馬賊과 짜고 3개월에 걸쳐 학살한 조선인 수는 3만 명에 이르렀다(훈춘사건). 조급성이 있다는 우리나라 사람들은 '조선 사람들은 게으르고 머리가 둔하다'고 억압抑壓하여 식민통치를 정당화하고, 조선시대 때에 붕당 간의 견제牽制를 당쟁이라고 과장하고 나라를 분열시켜 독립희망을 꺾고 민족을 말살하려는 일제 식민사학植民史學의 조작 아래에 있었다. 우리 국민들은 이를 수긍하기도 하는 사람들이 있었으며, 일본 왕이 무조건 항복을 할 때 나라가 망했다고 통곡하는 사람이 있었다. 일본제국帝國의 세뇌洗腦교육이 철저했음을 알 수 있다. 한국과 중국이 민족적 수난 중에 있을 때, 일본은 메이지 유신과 개화정책을 통한 근대화를 이룩했던 것이다. 이런 발전을 일본 역사가인 하야미 아키라는 근면혁명勤勉革命을 이루었다는 이론으로 정당화했다.

우리나라도 뒤늦게 경제개발 정책으로 2만 달러가 넘는 국민소득을 올리고 있고 다른 빈곤국을 돕고 있는 위치에 올라서 있다. 그러나 아직 겸손해야 한다. 가톨릭국가인 필리핀에 한국인 선교사가 빵 몇 봉지를 주면서 빈곤을 해결해 주었다고 언론에 떠드는 따위는 비난

받아 마땅하다. 이런 자들은 추방하자고 한다는 것이다. 민족 악성惡性 이야기가 나올 만하다.

민족성을 말할 때 몇몇 사람의 성향을 예로 들면서 어떻다고 하는 것은 옳지 않다. 내 자신도 나를 잘 몰라 이럴 때도 있고 저럴 때도 있는데, 하물며 전 국민을 대상으로 한 국민성을 함부로 말할 수 있겠는가? 국민성, 민족성 이야기는 말쟁이들의 입방아 찧기다.

— 2015. 5. 26.

간디와 일곱 사회악

간디는 아내와 잠을 자다가 아버지의 임종을 지키지 못한 것을 크게 뉘우치고 금욕을 결심했다고 한다.

한때, 영국인처럼 강하려면 고기를 먹어야 한다는 친구의 충고를 듣고 고기도 먹다가 힌두교 신자로서 가책을 느끼고 그만두었다.

18세에 아버지 친구의 권유로 영국 유학을 하여 대학을 다녔다. 당시 힌두교 지도자들은 서방의 자유로운 문화를 접하면 힌두교 전통을 무시하게 된다고 영국 유학을 반대했지만, 유학기간 동안에 열심히 공부하면서, 윤리문제에 관심을 기울였다고 한다.

유학시절에 지도교수와의 불화로 생긴 이야기가 재미있다. 식민지 백성의 학생이 지도교수에게 절대로 고개를 숙이지 않는 것이 못마땅했던 것이다.

대학 식당에서 교수와 같이 식사를 하는데, 교수가

"이봐, 돼지와 새는 함께 식사를 못하는 거야."라고 하며 채식만 하는 간디를 비웃자, 간디는

"걱정 마세요, 제가 다른 데로 날아갈게요."라고 했다고 한다.

그 교수와 같이 걷고 있는데, 선생이 물었다.

"길가에 두 개의 주머니가 있다. 한 주머니 속에는 돈이 가득 들어 있고 다른 곳에는 지혜가 들어 있다면, 너는 어느 것을 선택해 가질 것인가?" 라고 묻자, 간디는

"그거야, 당연히 돈주머니를 선택하지요."라고 했다. 교수는

"나라면 지혜를 선택하겠다."라고 하자, 간디는 즉시,

"각자 자신에게 부족한 것을 택하는 것이 아니겠어요?"라고 하여 자신은 지혜를 가지고 있노라고 응수하여 교수의 높은 콧대를 꺾었다고 한다.

또 한 번은 시험 때, 채점한 답안지를 받아보니 '멍청이(idle)'라고만 적혀 있었다. 간디는 "선생님, 제 답안지에는 점수는 없고, 교수님의 서명만 있네요."라고 했다고 한다. 교수가 멍청이란 말이다.

원래부터 기발한 임기응변과 적응력을 가졌던 것 같다.

인도의 성웅 간디는 영국 식민지에서의 인종차별에 대한 투쟁(사티아그라하운동), 독립운동, 수드라 노예 지위향상 운동, 인도 종교 간의 분쟁 종식운동, 파키스탄의 분리 저지 운동, 인도인의 정신개조를 위해 희생적인 노력을 했다.

1922년 12월, 모한다스 간디는 시성詩聖 R.타고르의 방문을 받아 '마하트마Mahatma: 위대한 영혼'이라고 칭송한 시를 받고, 그 후로 마하트마

간디라고 불리게 되었다. 두 사람, 간디와 타고르는 국부로 같이 추앙받고 있다고 한다. 우리나라 국부는 누구더라?

제1차 세계대전이 일어나자 처음에는 인도의 독립을 촉진하기 위하여 영국의 입장을 지지하였으나, 전쟁 후 영국의 배신과 반란진압조령條令의 시행 때문에, 사티아그라하 운동을 전개하기 위하여 인도 여러 곳을 다니며 반反영국 불복종 운동을 전개하였다. 인도 국민회의는 1930년 1월 26일을 독립일로 했으나, 1945년 8월 15일 인도연방으로 정식 독립했다.

이날은 일본이 항복하여 제2차 세계대전이 끝나고, 우리나라가 독립한 날이기도 하다.

이때 간디는 78세였으나 고령에도 불구하고 소동이 가장 격화되어 있던 벵갈에서 힌두 · 이슬람의 융화를 위한 활동을 했다. 이듬해인 48년 1월, 이 활동을 뉴델리까지 연장하여 소요를 진정시켰으나, 1948년 1월 30일 자기와 종교가 같은 힌두교 청년의 총탄에 피살되었다.

민족의 독립을 위해서는 폭력이 커다란 역할을 하였으나, 인도에서는 간디의 사티아그라하 사상에 입각하여 평화적으로 추진되었다. 간디는 민주적 민족주의자이고 인도주의자이며, 특히 비폭력 · 무저항주의는 인류의 역사에 길이 남을 것이다.

전 인도 수상 네루는 회고록에서 간디에 대하여 아래와 같이 기술記述하였다.

> (전략) 간디옹은 아무리 강한 것이라 할지라도 물질적인 힘에는 굴하지 않는 어떤 암석 같은 것을 분명히 가지고 있다. 저 인상적이지 못한

얼굴, 허리에 두른 간단한 옷, 그리고 허리 이외에는 다 드러내고 있는 벌거벗은 신체, 보잘것없는 초라한 모습이었음에도 불구하고 그에게 왕자다운 위엄과 고귀함이 있어 다른 사람들이 기꺼이 복종하려고 했다. 의식적으로 신중하게 온순하고 겸허한 모습을 하고 있었지만, 옹께서는 힘과 권위로 충만되어 있었다.

(중략) 이야기는 언제나 간결하고 핵심을 찌르고 있어 불필요한 말이 사용되는 일은 거의 없었다. 청중의 마음을 사로잡게 하는 것은 바로 그 인간의 성실성과 그 고매한 인격이었다. (중략) 그는 자연의 아름다움은 찬미하지만, 사람의 손으로 만든 물건은 아름다움도 예술성도 인정하지 않았다. 따라서 타지마할 사원은 그에게는 강제노동의 화신化身정도이며, … (중략)

간디 옹은 다음과 같이 말한 일이 있다. '사람은 종교 없이는 하루라도 살 수가 없다. 자기의 이성에 집착하여 자기는 종교와 아무런 관계도 없다고 하는 자가 있다. 그러나 이것은 호흡은 하지만 코가 없다고 하는 사람의 이야기와 같은 것이다. (중략) 진리탐구에 몸 바치려는 나의 노력은 마침내 나를 정치에 발을 들여 놓게 했다.'라고, … (후략)

인도는 수도 뉴델리에 간디의 묘를 세워 성지로 지정하고, 우러러 추앙하고 있다.

그가 남긴 말 Seven social sins는 유명하다. 우리에게도 절실히 공감되는 말씀이다.

◆ 마하트마 간디가 말한 일곱 사회악 (seven social sins)

1. 원칙 없는 정치政治	politics without principles
2. 도덕 없는 상업商業	commerce without morality
3. 노동 없는 부富	wealth without work
4. 인격 없는 학식	knowledge without character
5. 인간성 없는 과학	science without humanity
6. 양심 없는 쾌락快樂	pleasure without conscience
7. 희생 없는 신앙信仰	worship without sacrifice

정치인의 인기영합주의, 치부致富를 위한 협잡挾雜, 사기, 거짓말, 노동 착취, 불법노동 행위, 인신매매, 성희롱, 술·도박판 등 근절해야 할 것이 많다. 이런 것들의 피해는 결국 자신에게 돌아온다.

우리나라에서도 그를 모르는 사람이 없고, 그의 이름을 딴 단체도 많고, 학교도 있다. 유명한 슈바이처의 이름보다 많을 것이다. 간디가 많으니 온 데(?)도 많겠지만, 이름만이 아닌 실천하는 모임이 되었으면 좋겠다. 경남 산청, 충남 금산, 충북 제천 등지에 간디학교가 대안학교 형태로 설립되어 학생들을 교육하고 있다. 간디정신이 길러지는 학교가 되었으면….

위의 사회악을 뿌리 뽑고, 점차 온 나라에 격양가激揚歌가 흘러 넘쳤으면 좋겠다.

한마디 덧붙이고 싶은 말이 있다. 고 최인호의 소설 「상도商道」에 나온다.

'현자賢者는 모든 것에서 배우는 사람이고, 강자强者는 자신을 이기는 사람이다.'

— 2015. 7. 6.

욕심 줄이기

머지않은 죽음을 앞두고 나는 남은 생을 어떻게 살고, 어떻게 끝을 맺을 것인가를 생각을 하면서, 나는 주위의 귀찮은 존재는 되지 않아야 하겠다고 마음을 다져보았다. 존엄사 선언서를 써 놓았고, 장기기증 희망등록도 해놓았다.

'나이 들어 대접받는 7가지 비결(7-up)'이 회자되고 있어 읽어 보았고, 법정스님의 『아름다운 마무리』도 살펴보았다. 법정스님의 당부 말씀 16가지와 7-up의 7가지가 서로 내용은 비슷하다고 생각하면서, 나는 능력도 부족하니 그중에서 서너 가지만 실천하겠다고 다짐을 했다.

첫째는 '말을 하기보다 듣기를 많이 하라(shut up).'는 주문이다. 원래 말수가 적은 나이기에 말을 적게 하는 것은 가능하다고 생각하고 있으나, 다른 사람의 말은 두 번 이상은 듣기 싫으니 '네, 알고 있어요.' 하고 말하지도 못하여 짜증이 나기도 한다. 별것도 아닌 내용을 되풀이하는 버릇을 가진 분들이 있음을 이해하고 듣지 못하는 것이 너그럽지 못한 내 결함이라 생각하면서도 툴툴거리게 된다. 그것도 귀먹은 사람이라도 있다는 듯 큰소리로 떠드는 것을 보면 눈이 흘겨진다. 나도 술이 거나해지거나 하면 말이 많아지기도 해서 나중에 후회하는 경우가 있으나 앞으로 더욱 조심해야 되겠다. 잔소리하고 꾸중하는 말을 하지 않아야 하겠고, 자랑할 만한 것도 없지만 내 자랑, 자식 자랑도 하지 말아야 하겠다.

둘째는 '포기할 것은 과감하게 포기하라(give up).'이다. 끈질기게 결심한 것을 이루려는 신념은 위대한 발명을 이루는 경우도 있고, 커다란 업적을 세워 오늘날 인류 문화와 문명의 발전에 공헌하고 있다.

나는 능력도 없고 나이도 들었으니 포기해야 할 것은 포기해야 하겠다. 그러나 가지고 싶은 것 한 가지가 남았다. 넓은 면적이면 좋겠으나 엄두도 못 내겠고, 적송赤松 몇 그루 심고 아담한 막집 하나 지어 별장 흉내라도 내어 내 자식, 며느리, 손주 그리고 우리 늙은 내외 이렇게 따로따로 휴가 삼아 하루 묵어가기도 하고, 한구석에는 평상을 놓고 누워서 별구경을 했으면 싶다. 넓으면 나중에 다툼이 생길지도 모르니 좁은 땅 좀 마련하고 싶은 게 나의 마지막 소원이다. 이것도 욕심 부리는 것일까?

셋째는 '돈이든 일이든 자기 몫을 다하자(pay up).'이다. 힘도 없고 돈도 없어 베풀지 못하여 안타깝다. 베푼답시고 술이나 사주는 사람도 있으나, 나는 그러지도 못해 미안한 경우가 많다.

넷째는 '겸손하게 살자(humble up).'이다. 7-up에도 법정스님의 당부에도 없으나 겸손을 나름대로 신설하고 싶다. 나이 들어 어른 노릇

하고 싶고, 대접받고 싶어 하는 늙은이가 있다고 쑤군대는 소리를 흔히 듣는다. 겸손은 남을 존중하고, 자신을 낮추는 태도에서 나온다. 낯익은 사람에게는 나보다 연하年下이더라도 남녀 불문하고 내가 먼저 목례라도 보내는 아량이 있어야 하겠다. 다정함을 표현한다고 반말을 하는 사람도 있으나, 되도록 존댓말을 사용하여 상대가 마음 상하지 않도록 해야겠다.

종교는 다르지만 이해인 수녀님의 글을 옮겨 놓는다.

> '저마다 인류를 변화시킬 생각은 제법들 하면서 자기 자신을 변화시킬 생각은 좀처럼 없다. 이제 노인이 되어 이제야 내가 얼마나 어리석었던가를 알게 되었다. 이제 나의 유일한 기도는 이것이다. '주여, 나 자신을 고칠 은총을 주소서.' 처음부터 이렇게 빌었던들 일생을 허비하지 않았으련만……'

'붓다여! 제가 올바로 변하고, 7-up의 나머지 것도 실천할 수 있게 능력을 주시고, 오래 살게는 마세요. 욕심이 많나요?'

7-up의 나머지를 적어 본다.

집과 환경을 깨끗이(clean up),

용모는 단정히(dress up),

모임에 부지런히(show up),

밝고 유쾌하게(cheer up) 살자.

— 2015. 6. 11.

변화하는 세상

1

1770년대 영국에서 일어나기 시작한 산업혁명은 250년이 지나 현재에 이르기까지 유럽, 아메리카 대륙, 아시아 그리고 아프리카까지 시차時差는 있으나, 정치제도, 국제 질서와 생활양식까지도 바뀌어가게 하고 있다.

방직기와 방적기가 새로 만들어진 후 사람 대신 기계가 일을 하게 됨으로 인하여 많은 노동자가 공장에서 해고되어 생계가 어려워졌다. 해고된 노동자들은 모여 설치된 새 기계를 몽둥이로 때려 부수는 폭동을 일으켰다. 1786년 영국 북부 직물공업 도시 리즈에서는 방직 노동자들의 시위가 벌어졌다. 양털을 얼레빗질 하는 기계가 만들어져 이들 노동자를 몰아낸 것이 원인이었다.

“우리 가족은 무얼 먹고 살라는 것인가? 자녀에게 어떤 기술을 물려

주라는 것인가?"라고 외쳐댔다.

2

내가 1970년대 서울의 한 공장에서 일할 때, 그곳은 별로 크지는 않았지만 3교대로 약 5천 명의 노동자가 일하는 공장이었다. 가난한 노동자들이 화장실 가는 시간도 아까워하면서 생산량을 늘려 임금을 더 받기 위해 노력하는 모습은 지금 생각해도 눈물겨웠다. 생산량에 따라 일당日當이 정해지기 때문이었다. 그곳에서 일하며 임금을 받아 고향 부모의 생계와 동생 학비를 대는 사람이 대부분이었다.

한 5년의 공장생활을 접고, 교직생활을 하면서 10년 만에 졸업생 취직을 교섭하기 위해 그 공장을 방문하였다. 공장은 그 자리인데 공장의 면모가 달라져 있었다. 공장의 공간은 여유가 있었고, 노동인구는 절반으로 줄어들었으나, 생산량은 2배 반으로 증가해 있었다. 신형 자동화 기계 및 컴퓨터가 도입되면서 작업 인원을 줄였으나 생산량은 많아진 것이다. 그 과정에서 절반의 인원 2천 5백 명이 실직한 것이다. 지금의 산업 현장이 이런 현상을 보이고 있으며, 실업자 문제는 개선이 되지 않아 가장 시급하고 심각한 실정이다. 비정규직 상태의 고용은 해결이 어려운 난제가 아니던가?

사용자 입장은 노동자들이 인권을 들먹이며 노동조건 개선을 주장하고, 임금 인상을 요구하고, 구호를 외치며 깃발을 쳐들고 시위를 하고 있으니 그런 종업원 수를 줄여야 한다는 것이다. 그러면서 사람 대신 일할 수 있는 기계를 도입해야 된다는 것이다.

대졸자가 할 수 있는 일을 소프트웨어가 대신하고 있다. 선진화된

로봇기술은 제조업계의 취업률을 낮추고, 전문 의료업무까지도 컴퓨터가 하고 있다. 로봇 컴퓨터나 기계가 시위를 하는가, 월급 올려달라고 데모를 하는가? 로봇이 데모한다는 공상소설은 있으나 그런 일은 없다. 산업현장에 가보면 좋은 기계나 전자 장치가 성능을 자랑하며 작업을 하고 있고 기술자는 계기판을 보면서 앉아 키를 누르고 있다.

'고용 없는 성장成長'이 이루어지고 있고, 그 영향으로 어려운 상황에 이르러 있다.

그런 기업 산업체뿐 아니라 공무원, 기관원, 교원 모두 명예퇴직 희망자는 환영을 받는다. 일생 일할 수 있는 직장은 없어지고 언제 해고될지 알 수 없고, 퇴직을 압박받는 불안한 직장생활에서 불안정한 가사를 꾸려가는 사람이 안정된 생활을 하는 사람보다 많은 것이다.

몇 년 전 어느 대기업 회장이 학교를 졸업하고 기업에 취업해 오는 사람들에게 적응교육을 시키는 데 막대한 경비와 시간이 소요된다고 개탄하면서 학교에서 사회적응 직업교육을 시켜야 한다고 주장하는 기사를 읽은 적이 있다. 그 많은 분야를 학교에서 직업교육 시킬 수 있단 말인가? 그렇게 연마한 기술로 얼마 동안 그 분야의 직업을 계속 유지할 수 있을까? 그 분야에서 일하다가 해고됐다면 그 다음은 어찌할 것인가? 또 만일 익혔던 기술이 새로운 기술로 대체되어 있다면 어떻게 할 것인가?

앞으로의 세상은 불확실하여 예측이 어렵다.

2014년 11월 우리나라를 방문한 미래학자 토마스 프레이 다빈치연구소 소장은 '앞으로 20년 내에 세계에서 대학의 절반이 사라지고, 2030년까지 20억 개의 일자리가 없어질 것'이라고 하면서, 정보화 컴퓨터 시대를 뛰어넘는 대전환big change을 예언했다. 이에 대한 대비는 어려운 일일 것이다.

3

대부분의 종업원들은 감독이 있을 때와 없을 때 일하는 자세가 다른 경우가 많다. 서로를 믿지 못하고 의심하는 경우가 많으니 행복한 직장생활이 되지 못할 것이고, 일상의 행복과 보람을 느끼지 못할 것이니, 그 스트레스 속에서 어떤 삶을 살 수 있을 것인가?

어디에서 무슨 일을 하건 불평하는 사람이 있다. 불평하는 것이 습관이 되어 있는 것이다. 이런 사람들은 일생이 불행할 것이다.

웬만한 것은 받아들이고 적응하려고 노력해야지 나에게 만족할 만한 조건을 다 갖춘 곳이 어디에 있을까? 그곳에서 일하면서 자기가 맞게 적응해 나갈 수 있어야 한다. 또 다른 사람은 만족하고 있으나 나에게는 맞지 않는 경우도 있을 것이다. 어떤 경우에도 적응할 수 있는 능력과 아량을 길러야 하고 노력해야 한다.

요즈음 적응력이 부족한 사람이 많아 걱정이다. 귀한 가정에서 어려움 없이 귀하게만 길러진 사람이기 때문일까?

— 2014. 12. 5.

제3장

지혜

미안해요!

1

남북 전쟁에서 링컨 대통령과 북군사령관 사이에 전략이 달라 계속 토론이 이어졌으나 서로 자기 작전계획이 옳다고 고집을 부렸다. 타협이 이루어지지 않자 링컨 대통령은 자기의 뜻대로 작전을 폈으나 전쟁은 실패하고 말았다. 노련한 남군의 장군 리 사령관에게 진 것이다. 링컨 대통령은 북군사령관에게 사람을 보내며 메모지에 간단하게 '미안해요(I'm sorry.)' 이렇게 적어 사과의 뜻을 적어 보냈다. 메모를 본 사령관은 '바보 같으니 라고(It's stupid.)' 하면서 찢어버렸다고 한다.

이 이야기를 전해들은 링컨 대통령은 '옳은 말이야'라고 하면서 껄껄 웃고 말았다고 한다. 링컨은 포용력이 있는 큰 사람이다. 이런 상황에서 대통령으로서 즉시 자신의 결함을 인정하고 사과할 사람은 많지 않을 것이다. 이런 사람이 위인이고, 거물인 것이다.

이 전쟁의 게티즈버그 전투는 최대의 격전이었고 남북전쟁의 최종적 방향이 결정되었다. 남·북 양군이 총력을 기울인 게티즈버그 전투(1863년 7월 1-3일)는, 그때까지 열세에 있던 북군이 전세를 역전시켜 승리하는 계기가 되었다.

1863년 11월 19일, 미국 남북전쟁의 격전지인 펜실베이니아 주州의 게티즈버그! 전사한 수많은 장병들의 영혼을 위로하는 식전에서, 제16대 대통령 링컨이 행한 연설은 유명하다.

"국민의, 국민에 의한, 국민을 위한 정치를 지상에서 소멸시키지 않도록 하는 것"이라는 끝맺음의 문구는 민주주의의 정신을 가장 간결하고 적절하게 나타낸 것으로 유명하다.

1865년 4월 12일 북군 사령관 그랜트 장군과 남군 사령관 R·E 리 장군은 회견을 통해 남군이 항복하고, 북군이 승리했음을 선언하여 전쟁은 끝났다.

'미안하다'는 말을 할 줄 아는 링컨은 결국 승리한 것이다.

2

링컨은 많은 명언과 일화逸話를 남겼지만 앞에서 언급한 포용력 이야기 하나만 더 적어보고 싶다.

변호사 스탠턴이란 사람과 얽힌 이야기가 있다. 변호사 시절에 링컨과 스탠턴은 함께 한 사건을 맡게 되었다. 이 사실을 나중에야 안 스탠턴은 '요따위 시골뜨기하고 같이 일하라고?' 하면서 나가버렸는가 하면, 그 후 사사건건 멸시했고, 링컨이 대통령에 당선됐을 때는 '링컨의 대통령 당선은 국가적 재난'이라 하면서 비난했다고 한다. 그러나 넓은 가슴을 지닌 대통령은 주위 사람들이 만류하는 것을 뿌리치고 '스탠턴은 사명감이 투철한 사람이야' 하면서 국방장관에 앉혔다. 링컨 대통령이 남북전쟁 승리 후 3일 만에 암살자의 총에 맞아 숨졌을 때, 스탠턴은 링컨의 시신을 끌어안고 '여기에 가장 위대한 사람이 누워있다.'고 하면서 통곡을 했다고 한다. 자기를 미워하던 사람까지도 포용했던 사람이 링컨이다.

— 2015. 5. 16.

* 게티즈버그 연설 (Gettysburg Address, 1863. 11. 19.)

87년 전 우리의 선조들은 이 땅에 자유스럽고, 누구나 평등함을 기본으로 하여 새 나라를 건설하였습니다.

지금 우리나라, 또는 자유와 평등 정신으로 세워진 나라가 과연 지속될 수 있는지의 여부를 판가름하는 커다란 내전內戰을 치르고 있습니다.

우리는 그 전쟁이 진행되고 있는 전쟁터에 모였습니다. 우리는 정의의 나라를 존속시키기 위하여 목숨을 바친 영혼들을 위한 최후의 안식처로 그 싸움터의 한 곳을 바칩니다. 우리가 하는 이 일은 전적으로 옳으며 타당합니다.

그러나 크게 보면, 우리는 이곳을 헌상하고 신성시하거나 숭상할 수 없습니다. 우리 살아있거나 전사한 용감한 용사들은 더 이상 연연戀戀하지 않을 것입니다.

세상은 우리가 하는 이 일을 크게 주목하지 않을 것이고, 오래 기억

하지도 않을 것입니다. 그러나 사람들은 용사들이 이룩해 놓은 업적을 영원히 잊지 않을 것입니다. (중략)

우리는 이곳에서의 그들의 죽음이 헛되지 않도록 하기 위하여 굳게 결의하는 바입니다. 신의 가호 아래 이 나라에 새로운 자유가 탄생할 것이며 그리고 국민의, 국민에 의한, 국민을 위한 정치는 영구히 존속할 것입니다.

넓은 도량

1

초나라 장왕楚莊王은 문무백관을 초청하여 잔치를 베풀었다. 아름다운 빈嬪도 동참한 큰 잔치였던 것 같다. 잔치가 진행되고 있는데 갑자기 회오리바람이 불어와 등불이 꺼지고 깜깜해지고 말았다.

술에 거나해져 장난기가 발동한 장군 하나가 예쁜 빈을 안아 보려고 덤벼들었다. 빈이 깜짝 놀라 사내의 모자 끈을 잡아당겨 끊어 버려 물러나게 했다. 빈은 왕에게,

"방금 누구인지 제게 무례를 저질러 모자 끈을 끊어 버렸습니다. 여기 모자 끈이 있으니 그를 찾아 큰 벌을 주세요."라고 했다. 촛불이 들어와 어둠이 밝혀지자, 왕은,

"백관들은 모자 끈을 떼시오."라고 명령했고, 조용히 잔치를 마무리하였다.

왕은 도량이 넓은 사람이었던 것이다.

그 후 한 전투에서 장왕은 패하여 모든 장졸將卒이 도망가고 혼자 쓰러져 기진맥진해 있는데 한 사람이 다가와,

"대왕님, 여기 물이 있습니다. 일어나십시오."라고 했다.

그가 누구인가. 바로 그 잔치에서 모자 끈이 뜯겼던 장군이었다. 그래서 그 장왕은 살아 돌아올 수 있었고, 재기再起하여 춘추오패春秋五覇로 불리어지고 있다.

(1974년 한국 언어문화원 언어교양대학 양주동 박사 강연에서)

제후諸侯를 모아 맹주盟主가 된 춘추오패는 제齊나라의 환공桓公, 진晉나라의 문공文公, 초楚나라의 장왕莊王, 오吳나라의 합려闔閭, 월越나라의 구천勾踐을 칭한다.

(*중국 春秋戰國시대: BC 8세기~ BC 3세기, 戰國七雄시대, 諸子百家시대)

2

우리나라의 훌륭한 임금으로는 조선시대 세종대왕과 정조대왕을 꼽고 싶다. 두 임금의 백성을 위한 탁월한 업적은 여기에 열거할 수 없을 정도이고, 따로 다루어야 할 것이다.

훌륭한 충신忠臣은 많이 열거할 수 있겠으나, 넓은 도량의 재상급 중에서 한 분만 고른다면 단연斷然히 떠올릴 수 있는 분은 다산茶山 정약용丁若鏞이라고 하면 반대가 별로 없을 듯하다. 벼슬이 2품까지는 오르지 못했으나, 나는 재상보다 더 높은 평가를 하고 싶다.

조선 정조 때 다산은 당쟁의 소용돌이 속에서 서학西學을 공부했고

천주교를 신앙했다는 모략을 피할 수 없었다. 정조의 지우知遇밑에 입신출세立身出世를 하고 있었으나 그의 재능과 출세를 시기하는 사람들이 많았던 것이다. 넓은 도량의 다산은 불평 없이 황해도 곡산 부사가 되기로 했다. 천재는 내직에 있을 때나 외 · 한직閒職을 가리지 않고 능력을 발휘한다. 다산의 저서 『자찬연보自撰年譜』를 보면 곡산 백성 이계심 이야기가 나온다고 한다. (강명관 지음의 책 · 2009년 刊. '시비를 던지다'에서)

그동안 교활한 아전이 군포軍布를 200냥 받아야 하는 걸 900냥씩 징수하여 백성들의 불만이 고조되었다. 이계심은 1천여 명의 백성을 선동하여 관아로 몰고 가 농성籠城을 하였다. 포고령이 내려져 아전과 관노들은 몽둥이를 휘두르며 이계심을 잡으려 했으나 흩어져 숨어 버렸다.

다산이 부임하기 위해 곡산 관아官衙에 이르자 이계심이 나타나 길을 막았다. 그는 백성들을 병들게 하는 폐단弊端 10가지를 문서로 만들어 와 제시했다. 옆에 있던 아전이 그를 체포해 오라로 묶고 칼을 씌워 잡아가자고 했으나 다산은 "그럴 것 없다. 자수한 사람이 달아나겠는가? 관청이 부패하는 것은 백성이 폐단을 따지고 항의하지 않기 때문이다. 너는 죽음을 두려워하지 않고 백성의 억울함을 호소했으니 너 같은 사람은 관청에서 천금을 주고라도 포용해야 한다."라고 하면서 풀어 주었고, 백성의 억울함을 해결하고 사태를 무사히 무마撫摩했다.

오늘날 다산 정약용 이야기는 초등 교과서부터 수록되어 나와 학생들을 가르치고, 다산에 관한 책이 나오면 베스트셀러가 되기도 한다. 모두 '민족의 스승'으로 추앙推仰하고 있는 다산이다.

3

이왕 글줄에 올랐으니 다산 이야기를 좀 더 하고 싶다.

전라도 강진(당시에는 탐진)에 유배되어 살면서 지은 시가 있다. 한시漢詩 탐진촌요耽津村謠의 일부이다.

棉布新治雪樣鮮　새로 짜낸 무명이 눈결같이 고운데
黃頭來博吏房錢　이방 줄 돈이라고 황두가 뺏어가네
漏田督稅如星火　누전 세금 독촉이 성화같이 급하다
三月中旬道發船　삼월 중순 세곡선이 서울로 떠난다고

다산의 서울 친구가 '탐진 생활이 어떤가? 호남은 풍속이 교활하고 각박한 곳이고, 탐진은 더욱 극심하다고 하던데….'라고 묻자, 다산은 이렇게 말했다고 한다.

'어허. 어찌 그리 모르는가? 탐진 사람들은 벼 베기가 끝나면 농토가 없는 가난한 백성들이 곧바로 이웃 논을 자기 논인 양 보리를 심는다네. 세금도 내는 일이 없고, 논 주인과 나누는 것도 없고, 품앗이로 보답하는 일이 없지. (중략) 참으로 어질고 후덕한 풍속이지.'라고 하며 지기知己의 잘못된 지역에 대한 편견을 공박攻駁하고, 그 지역 백성의 어질고 후덕한 마음과 비참한 생활의 단면을 보여 주었다.

강진에서 18년간의 유배생활에서 다산이 이룩한 경지境地는 실로 막대한 것이었다. 넓은 도량 속에서 나라와 백성을 생각하며 500권이 넘는 『목민심서』 등 윤리 · 정치 서적과 실용서적을 썼고, 1000여 편이 넘는 시를 남겼다.

김경윤 선생의 저서 『한국철학의 이 한마디』에서 다산에 대하여 남긴 글이 인상적이다.

'저는 다산에게서 근대를 준비하는 한 선구자의 모습을 봅니다. (중략) 근대사상의 씨앗을 「본성은 갖추어진 것이 아니다.性者非理」라는 이 한마디 속에 수십 년의 고난의 세월 속에서 수천 권의 책을 읽으며 수백 권의 책을 쓴 다산의 무게가 실려 있는 것은 아닌가 생각하고 있습니다.'

주자朱子 성리학의 '성즉리性卽理'가 인간 · 사물의 본성에 대한 운명적, 신분적, 위계位階에 의한 표현이라면, 실학자 다산의 '성자비리性者非理'는 실존이 자유의 언어, 평등의 언어로 표현된 것이다. 성리학이 이미 완성된 구조물이라면, 실학에서는 끊임없이 추구해야 할 미완未完에 대한 방향성 제시라고 느꼈다.

— 2015. 6. 13.

만금매린萬金買隣

'천금을 주고 집을 사고, 만금을 주고 이웃을 산다.'

千金買宅, 萬金買隣. 중국남송의 계아季雅가 남긴 말이다.

측근을 얻음이 중요함을 나타내는 교훈이 될 만한 말이다.

피자헛을 도입하여 큰 돈을 번 성신제의 『창업 자금 7만2천원』의 수기에 이런 글을 볼 수 있다.

> 수많은 아르바이트 학생을 써보았다. 이들 중에서는 나는 유명한 디자이너가 될 거야, 공인회계사가 될 거야, 이까짓 아르바이트는 용돈벌이니 대충 시간만 때우다 가자는 듯 건성건성 일하는 학생이 많았다. 그들 중에서 단 한 명의 디자이너, 단 한 명의 공인회계사도 본 적이 없다. 아르바이트로 접시 닦는 일을 하더라도 성의껏 열심인 사람이 자기 본업의 일도 열심히 했고 그런 사람이 결국 성공을 했다. 많은 부자들은 일하

는 것이 취미라고 한다. 회사 다닐 때 신명나게 일하지 않은 사람은 자기 사업에서 성공하지 못한다. 목구멍이 포도청이라서 억지로 한다는 생각을 조금이라도 갖고 있다면, 당신의 목구멍은 평생 포도청으로 남아있게 된다.

나는 고등학교 학생을 지도하는 선생님들께 학생들을 채근해 달라고 위의 수기를 자료로 만들어 연수를 했다. 그 자료 속에는 아래의 내용도 포함시켰다.

'철들면 잘할 수 있다? 천만의 말씀. 세살 버릇 여든 간다.'

'게으르고 부지런함은 유전되는 것이 아니고 습관이다. TV나 보고, 게임이나 하면서 시간을 허비하지 말자. 당장 지금 시작하자.'

'공부를 못해도 한 가지만 잘하면 큰 돈 벌 수 있다? 운 좋아 그런 사람이 혹 있을지 모르나, 인생은 그리 만만한 것이 아니다. 기초 교양과 기본 지식을 갖추고 있어야 한다.'

'선진국 학교에서는 아무리 운동을 잘한다고 해도 학점을 따지 못하면 운동선수로 선발되지 못한다. 왜 그럴까?'

지금까지도 그 연수는 쓸데없는 잔소리였다고 생각되지 않는다.

정치 · 경제 · 교육 등 어느 곳이나 어려운 상황이다. 세계화가 빠르게 진행되고 중국 · 인도 등은 빠르게 성장하고 있는데, 우리의 경쟁력은 겨우겨우 앞서가고 있다. 예측하기 어려운 환경에서 어디에서나 믿을 수 있는 유능하고 양식 있는 근린近隣이 절실하다.

협업자를 구하고, 신입직원을 채용할 때 어떤 사람을 택해야 하는가는 대단히 중요한 일이다.

사람을 뽑아 적재적소에 심고 격의 없는 의사소통을 통한 업무를 추진할 수 있어야 한다. 요즈음 기간제 임시직원, 아르바이트 학생 중에 정식직원으로 채용하고 싶은 사람이 몇이나 될까. 채용을 생각하는 사용자 입장에서는 각별한 관심을 기울일 것이다.

세이노 씨(경영 컨설턴트)는 에버랜드에서 아르바이트를 하며 입장권을 파는 한 아가씨를 예로 소개했다. 그녀는 신발이 젖어 울상을 짓는 소녀에게 자기 신을 벗어주는 배려심이 있었고, 그런 자세로 입사 4년 만에 서비스아카데미 강사로 발탁되더라고 했다.

톰 피터스는 리츠칼튼호텔의 한 여자 청소부를 소개했다. 그는 침대 시트 접는 법도 개선하는 열성을 보였고, 그런 자세는 결국 말콤 볼드리지 생산성 대상을 받게 했다고 했다. 열성은 스스로의 몸값을 높여주는 것이다. 말뿐인 사람도 많다. 10리 가고도 백 리 갔다고 하고, 두 사람 만나고도 열 사람 만났다고 떠벌리는 사람도 많다. 지금은 자기PR 시대라고 하면서 자기자랑을 늘어놓는다. 그런 허풍선이들은 필요 없다.

다시 세이노 씨의 글이다.

> 당신이 일한 대가에 대한 법칙 두 가지가 있다. 첫째, 당신이 보여주지 않는 한 국물도 없다. 대가를 더 많이 받으면 더 열심히 일하겠다고? 세상은 절대로 그 각오를 먼저 믿어주지 않는다. 적토마는 홍당무가 없어도 잘 달린다. 둘째, 보상의 수레바퀴는 언제나 처음에는 서서히 돈다. 가속도가 붙기까지는 시간이 소요된다. 사람은 겨우 몇 개월 열심히 해보고는 실망해 곧 일하는 본성을 드러낸다. (중략) 부자가 아니라면,

가진 것은 몸과 시간밖에 더 있겠는가?

동료들의 야유와 시기가 부담스럽기도 할 것이다. 공쥐를 시기하는 팥쥐는 언제나 있는 법이니 무시하라. 훗날 그들과 다른 세상을 살면 된다.

예수교에서는 전지전능하신 분은 하느님이라고 하고 있고, 불교에서는 천수천안千手千眼의 관세음보살이라고 한다. 이 관세음보살은 대자대비大慈大悲의 마음으로 세상 사람을 구제하고 제도하는 보살이다. 그러나 관세음보살이나 하느님에게 저 좀 보살펴달라고 기도해 봐야 소용없다. 수인사대천명修人事待天命이다. 내가 할 바를 다 한 후에 하늘의 뜻을 기다려야 한다.

우리 사람은 관세음 같은 천수천안의 능력이나 전지전능한 하나님 같은 능력을 가지지 못한다. 사람이 어떻게 모든 것을 알고, 모든 능력을 가질 수 있겠는가? 다만 최선을 다하는 것이다. 일하다 보면 몸이 지쳐 아픈 경우도 있다. 처음 일하는 경우 흔히 있는 일이다. 며칠 일하다 보면 단련이 되어 그런대로 적응이 되지만, 잠을 자면서 자신도 모르게 신음할 정도이면 곤란하다. 몸의 건강도 고려하면서 일해야 할 것이다.

학교에서는 2000년 제7차 교육과정부터 특별활동 영역에 봉사활동을 편입시켜 체계적으로 지도를 하고 있다. 초등학교 학생은 연간 10시간, 중·고등학생은 20시간 이상을 의무화하고, 평가를 받아 상급학교 진학 내신에 반영하고 있는 것으로 알고 있다. 선진국은 더 철저하다고 한다.

청소, 요리보조, 상점 카운터, 식당일, 사무보조 등의 일을 하겠지만 좀 더 어렵고 고단한 일을 시켰으면 좋겠다. 농촌의 논·밭매기도 좋을 것이다.

20여 년 전까지지도 농사철에 학생들을 동원하여 모내기를 하고 벼 베기를 하던 기억이 난다. 봄·가을철 두 번 2주일 동안의 농번기 방학에 농사일을 도우며 일 잘 못한다고 꾸중을 듣던 기억이 난다. 사범학교 시절 학교 농장의 농작물용 퇴비를 마련하기 위에 산에 올라가 풀베기를 하고, 학교농장 밭매기를 하던 기억도 난다.

공부도 좋지만 근로·협동 정신 함양, 공동체의식 고취, 사회성 개발, 책임감 형성, 진로·직업 선택을 위한 좋은 체험이 됐을 것이다. 지금 군軍생활이나 사회 초년생으로 적응하지 못해 방황하는 젊은이가 얼마나 많은가? 학창시절부터 일하는 버릇을 들이고, 자립심을 길러, 직업윤리를 쌓아 좋은 이웃·좋은 동반자가 되기 위한 훈련을 쌓아가야 한다.

만큼을 주고 나를 사가도록 준비되어 있어야 한다. 누구나 욕심내고, 인정해주는 사람이어야 한다.

— 2015. 6. 8.

무상이라고?

1

무상보육, 무상급식 등 선심 공약으로 선거에서 승리한 정권은 집권하여 국정 수행하면서 어려움이 많고, 다음 정권에도 악영향을 미치게 할 것이다. 데모가 일고 정권 퇴진하라는 외침이 나올 수 있을 것이다. 유럽 국가 중에도 국가 파산의 지경에 이른 국가가 있지 않은가?

국민 대표자나 정치 권력자를 선택하기 위한 선거는 민주국가에서 필수적이라고 하지만, 수단과 방법을 가리지 않고 선거에서 이기고 보아야만 한다는 정치 속성은 혐오스럽기도 하다. 어떻게라도 정권을 잡아야 한다는 아집이 있고 배짱을 지녀야 정치가가 될 수 있는 것일까? 협잡挾雜과 음모가 난무하는 속에서 이루어지는 선거는 사후事後가 시끄럽다.

선심善心정책, 인기영합 정책 공약으로 정권은 창출했으나 그 선심정책을 펼침으로 인하여 그리스가 위기에 놓여 있으며, 남미의 보석이라던 아르헨티나는 빈국이 되고 말았다.

부국富國이었던 아르헨티나는 1946년 페론정권이 집권하여 정책을 펴나가면서 기울어지기 시작하였다. 노동자들은 땀 흘려 일하기는 싫어하면서도 임금은 더 많이 달라고 요구했다. 얼마 가지 않아 국가는 국고가 바닥나 부도가 났다. 국민들은 국가부도에도 불구하고 생활방식을 바꾸지 않았고 선진 국민들처럼 혜택을 원했다. 부도 속에서 쿠테타가 일어나는 등 안정을 찾지 못하고 있다.

우리나라도 통 큰 정치가들이 막대한 돈을 들여 대규모 사업을 추진하였고, 무상보육과 무상급식을 실시하는 등 어떤 현상이 나타날지 예상을 못할 지경이다. 무상혜택에 반대하는 목소리가 있으면 왜 무상이냐며, 우리가 낸 세금에서 주는 것이니 당연한 것이라고 주장하는 사람들이 있다. 그렇게 무상 정책을 쓸 정도로 세금 받아 쌓아 놓은 것이 많으면 세금을 적게 걷어야 한다. 지금 월급쟁이들은 세금이 많기 때문에 못 살겠다고 불평하고 있다. 불평하는 사람들은 선거하는 날에 등산을 가거나 낮잠을 자고, 다른 후보에게 투표한다.

국가재정을 정책결정 정치가가 퇴임 후까지도 책임지도록 할 방법은 없을까?

무상은 공짜를 좋아하는 사람을 불한당不汗黨으로 만들 우려가 있다. 불한당은 땀 흘리기를 싫어하는 도적의 무리이다.

공짜에 맛들이면 습관이 되고, 불한당이 되어 공짜만 찾아다닌다. 우리말에 불한당 같은 놈 하면 얼마나 큰 욕인가?

공짜를 찾는 습관은 거지 근성에서 생긴 것이고 나중에는 무료 급식

소에 줄 설 사람이고, 지하실에서 거적 둘러쓰고 잠자게 될 사람이라고 한다.

우리 학생들을 불한당이나 거지로 만들어서는 안 된다.

요즈음 학생들 중에는 학용품까지 지급해 줄 것을 요구하기도 한다고 한다. 교과서를 무상으로 공급받기 때문에 아낄 줄 모르고, 잃어버려도 찾지를 않는 학생이 많다고 한다. 전에는 교복과 교과서를 동생에게 물려주기 위해 소중히 사용하고 아끼던 기억이 생생하다. 공짜 좋아하고, 일하는 것을 한심하게 생각하는 풍조가 되면 큰일이다. 불한당이 많은 나라는 망하고 만다. 공짜교육은 좋은 것이 아니다.

땀 흘려 일하고 생산하여 소득을 얻고 저축하여 부를 쌓도록 교육해야 한다.

물론 생계의 어려움 속에서 학업을 이어가기가 어려운 학생들은 무상급식과 장학제도를 확대하여 혜택을 받도록 해 주어야 하지만, 부유한 가정의 학생들까지 무상의 혜택을 줄 필요는 없다고 본다.

2

박요한 지음의 책 『하루를 사는 지혜』에 이런 글을 볼 수 있다.

> (전략) '쉽게 도움의 손길을 내밀지 말라. 어려울 때마다의 도움을 받는 사람은 성숙할 기회를 놓치게 된다. 나비와 같이 고통을 통과하는 동안 하늘을 날 수 있는 날개의 힘을 기르게 된다. 고통을 이기고 나면 아름다운 날갯짓을 하며 드넓은 창공을 나는 나비가 될 것이다.
>
> 도움을 베푸는 것만 꼭 선행이란 생각을 버려라. 때로는 고통 가운데

버려두는 것이 더 좋은 선행이 될 수 있다.'(후략)

학생들에게 의무적으로 땀 흘리는 봉사활동을 시키는 것은 노작勞作 교육의 좋은 방법으로 생각된다. 적게 일하고 높은 임금 받을 생각을 버리고, 땀 흘리며 일하는 생활습성을 익혔으면 좋겠다.

어려움을 극복하는 시련은 성숙하는 과정이다. 되도록 자력으로 극복하고 일어설 수 있도록 오래 기다려 주어야 하겠다.

— 2015. 5. 15.

손해에서 얻는 소득

1

60년대의 우연만한 농촌 면 소재지에는 한 곳에 대폿집이 몇 개씩 줄지어 있었다. 고등학교를 다닐 때까지만 해도 대폿집이 대포大砲를 파는 곳일 터인데, 새총도 아닌 대포를 파는 집이 이렇게 많을까 하고 의아해 하던 나였지만, 그때는 대폿집에서 파리를 쫓아가며 단무지를 안주로 대포 한 잔쯤은 단숨에 들이킬 수 있었다.

그 시절 그곳의 즐비한 대폿집 중에 유독 손님이 많고 북적대던 곳이 하나 있었다. 다른 집은 한산한데도 그 집만은 떠들썩하니 술꾼들이 붐비는 것이었다. 안주가 좋고 깔끔해서도 아니고 술집 주인 내외가 어떤 매력을 지닌 것도 아니었다. 나는 몇 번 다녀 허물이 터진 터에 주인에게 궁금한 점을 물었다.

"다른 집은 파리만 날리는데, 이 집은 손님이 많으니 비결이 무어요?"

"속아 주어요, 다섯 잔 먹고 넉 잔 마셨다고 하면 넉 잔 값만 받아요." 라고 대폿집 주인은 바보스레 웃으며 대답하였다.

역마살이 있는 나는 늦게 대학을 졸업하고 서울의 한 회사에 취직을 하였다. 회사에 근무하면서 능률협회에서 품질관리에 관한 강습이 있어 2주 동안 연수를 받았는데 복잡한 것은 모두 잊었지만 그중 지금까지도 남아 있는 내용이 하나 있다.

"만원을 세 명이 나누어 가지게 된다면 여러분은 어떻게 하겠나요?" 라고 강사가 질문을 던졌다. 대답을 듣던 강사는 세 부류의 사람으로 나누더니 강평을 해주었다. 내가 그까짓 적은 돈은 내가 모두 가지겠다는 사람은 모리배謀利輩 근성이 있어 결국 교도소에 갈 사람이요, 3,333원씩 나누어 가지겠다는 사람은 정확한 사람이니 사무원의 적성을 가진 사람이지만, 3,500원씩 두 사람에게 주고 자기는 3,000원을 가지겠다는 사람은 사업가로 대성할 기질과 아량을 지닌 사람이라고 하였다.

한 번 속은 사람은 속인 사람을 적바림에서 빼놓기 때문에 속이는 사람은 사람을 잃지만, 남을 속일 사람이 아니며 자기 앞에 큰 감 놓지 않을 사람이라는 믿음을 받는 사람은 백만 대군을 얻게 되는 것이라고 하였다.

손해 볼 줄 아는 사람이야말로 큰돈을 벌 수 있겠구나 하고 그때 그 대폿집 주인이 떠올랐다. 주위에 지지해 주는 사람들이 있을 때 큰 인물은 있을 수 있을 것이다. 그래서 조선 순조 때의 거상 임상옥이 돈 벌 생각보다, 사람을 벌어야 한다는 말을 했던가.

그 대폿집 주인이 지금은 큰돈을 벌어서 어디서 큰 호텔을 경영하는지 작은 매운탕 집을 하는지 아니면 남에게 속아 넘어가 망했는지 알 길이 없으나 참 좋은 방법으로 술장사를 했다고 생각했다.

2

불교경전 법화경에 화택유火宅喩 설화가 있다. 불난 것도 모르고 불의 두려움도 모르는 철없는 아이들이 뛰놀기만 하는데 아버지는 빨리 나오라고 큰소리로 외쳤다. 그러나 아이들은 놀이에 빠져 들은 채도 않는다. 아버지는 어리석은 아이들이 불타는 집에서 나오라고 해도 알아듣지 못하니 방편을 써서 구할 수밖에 없다고 생각하고 애들이 노리개 장난을 즐기는 성질을 이용하였다.

"여기 집 밖에 너희가 좋아하는 양거羊車와 녹거鹿車 그리고 우거牛車가 있으니 그것을 가지고 놀아라."

아버지의 외침을 듣고 아이들은 밖으로 나오게 되었다. 아버지는 약속보다 더 화려하고 잘 꾸며진 대백우차大白牛車를 주었다는 이야기이다. 더 깊은 뜻이 있으나 나는 잘 모르겠다.

사바세계의 어리석은 사람들은 탐내는 마음, 성내는 마음, 어리석은 마음(삼독심三毒心)의 포로가 되어 남을 밀치고 또는 남에게 밀리면서 자기의 욕망을 충족시키기 위하여 혈안이 되어 있다. 그 불난 집의 아이들 같이 즐거움에 몰입하여 재앙이 닥쳐 올 것을, 아니 이미 자신에게 이르렀음을 모르고 살아간다. 정치인의 다툼, 상도의商道義, 인권 문제, 교육 문제, 환경 문제, 사회 현상 등 도처에 문제없는 곳이 없다. 온통 불길火宅에 쌓여 있다. 이 모두 욕심 때문이요, 손해 볼 수 없다는 마음으로 삶을 꾸려가기 때문이다.

우리의 관념과 가치는 생활 방식의 맥락에서 나타난다. 손해 볼 줄 아는 생활이 자신을 자유롭게 하고, 갈등에서 벗어날 수 있게 하고, 더 큰 행운을 맞이할 수 있게 할 것이다.

— 1990. 7.

오온五蘊의 세계

1

석가모니釋迦牟尼, sakyamuni께서는 29세에 모든 것으로부터 벗어나 6년간 고행을 하고, 35세에 보리수나무 밑에서 선정禪定을 통해 달마達磨, dharma, 진리를 깨침으로써 불타佛陀, Buddha, 부처, 覺者가 됐다. 사문沙門 고타마가 깨달은 사람, 붓다가 된 것이다. 부처가 된 사람으로서 즐거움이 마음속에 가득했으나, 평안平安하지는 못했다. 이 새로운 내적체험을 혼자 간직하는 것이 외롭고 적적寂寂했던 것이다. 일본의 저명한 불교학자 마스다니 후미오增谷文雄는 이런 현상을 '정각자正覺者의 고독'이라고 했다.

붓다는 맨 먼저 250㎞의 먼 곳인 미가다야鹿野苑를 찾아 옛 동료 다섯 비구를 만났다. 그들은 붓다를 '그대, 고타마는 수행 중에 사치에 빠져 타락한 사람이다.'라고 규탄하고 배척했다.

그러나, 붓다는 이들 다섯 비구부터 설득해 나갔다.

"비구들이여, 출가한 사람은 두 극단에서 벗어나야 된다. 하나는 온갖 욕망에 집착함은 범부의 소행이고 무익하다. 그리고 고행을 일삼는 것은 괴로울 뿐, 성스럽지 못하고 또한 무익하다. 나는 두 극단을 버리고 중도中道를 깨달았다. 그것이 눈을 뜨게 하고, 지혜를 주고, 열반 nirvana에 이르게 했다. …… "라고 하면서 중도의 길이 팔정도이고, 사성제를 알아야 한다고 설파하셨다. 이어서 계속하여 80세 입적할 때 B.C. 383년경까지, 여러 곳을 다니며 사람들[衆生]을 교화敎化하기 위하여 교설敎說하셨다.

2

붓다는 어떤 전제나 선입관에 의해 추론追論하지 않고 현실을 그대로 받아들이는 입장을 지향指向했다. 인간이 지금 이 자리에 어떻게 존재하고 있는가 하는 실존을 문제 삼았다.

진리는 형이상학적 차원이 아닌 모든 존재의 구체적인 양식樣式인 연기緣起를 말한다. 연기는 모든 현상이 생기生起 소멸消滅하는 법칙으로, 연기의 현상은 무수한 원인과 조건이 인연 따라 서로 관계해서 생멸生滅하는 것으로, 인연이 없으면 관계와 결과도 없다.

인간의 실제 문제와 부딪혀 그 문제의 해결에 주력하는 것이 부처의 가르침이고 불교이다. 모든 사람에게 공통된 획일적이고 일반적인 길보다는 사람마다 다른 조건과 개성에 따라 가르침의 색채가 다르기 때문에, 포용성이 있는 종교, 불교라고 할 수 있다.

석가께서는 극단적 고행苦行의 체험도, 태자시절의 쾌락快樂도 깨우

침의 길이 되지 못한다고 생각하여, 두 극단을 지양止揚하여 길을 찾았다. 그 길이 곧 중도中道, 즉 고락苦樂의 양편에 치우치지 않는 길이다. 잡아함경에 보면 부처님께서는 '거문고의 비유'로 중도를 설명하셨다.

부처님 제자에 소오나가 있었다. 소오나는 부처님의 가르침을 열심히 공부하고 수행했으나, 깨달음을 얻지 못했다. 아무리 애를 써도 마음만 급하고 진전이 없었다. 소오나는 집으로 돌아가 부모를 모시고 사회생활을 하는 것이 낫겠다고 판단하고 짐을 챙겼다. 부처님께서는 소오나를 불러 놓고,

"소오나여, 너는 나에게 출가하기 전 거문고를 다루었다고 했다. 거문고 줄을 너무 늘어뜨리거나, 너무 조이면 소리가 제대로 나지 않지?"

"거문고 줄을 너무 늘어뜨리거나 조이지 않고, 알맞게 조율해야 맑고 고은 소리가 납니다."

"그렇다. 수행도 그와 같다. 늘어뜨리면 게으름과 같고, 너무 조이면 조급하여 들뜨게 된다. 그러니 조급해 하거나 방일放逸하지 말고 중도를 지켜, 알맞게 공부하여라." 소오나는 중도를 지켜 수행하여 깨달음을 얻었다.

이 중도中道의 구체적 실천적 덕목德目이 팔정도八正道이고, 숙지熟知해야 할 진리가 사성제四聖諦이다. * 諦: 체(불교에서는) 제

팔정도는 정견(正見, 바른 견해) · 정어(正語, 바른 말 : 口業) · 정업(正業, 올바른 행위) · 정명(正命, 바른 생활 · 직업) · 정념(正念, 바른 기억) · 정정(正定, 바른 선정) · 정사유(正思惟, 바른 사유 · 판단 : 意業) · 정정진(正精進, 바른 노력) 등 8가지이다.

사성제는 고성제 · 집성제 · 멸성제 · 도성제이다.

고성제苦聖諦는 인간의 현실이 괴로움의 세계로 태어나고生 · 늙고老 · 병들고病 · 죽음死이 4고四苦, 사랑하는 사람과 헤어지는 괴로움愛別離苦, 미운 사람과 만나는 괴로움怨憎會苦, 가지고 싶은 것을 가지지 못하는 괴로움求不得苦, 오온五蘊이 일어나서 생기는 고통五陰盛苦이다. 누구도 피할 수 없는 것이 괴로움이다.

집성제集聖諦는 번뇌가 모여 괴로움을 준다는 진리이다.

멸성제滅聖諦는 괴로움 없는 이상세계nirvana인 열반涅槃세계를 밝힌 진리이다. 열반의 세계는 깨달음으로 새롭게 인식된 창조적이고 영원한 청정淸淨한 세계이다.

도성제道聖諦는 괴로움이 없는 열반의 세계에 갈 수 있는 방법을 밝힌 진리이다. 오욕五慾(재물욕 · 색욕 · 식욕 · 명예욕 · 수면욕)에 집착하고, 잘못된 생각이나 집착 때문에 진리를 깨닫지 못하는 무명無明을 버리면 열반에 도달한다.

앞서 고성제에서 고苦에 대한 언급이 있었지만, 인간을 존재토록 하는 물질적 요소나 정신적 요소인 오온五蘊이 모두 고苦라고 한다.

온蘊은 산스크리트어 스칸다skandha를 번역한 말로써 모임[積聚] 즉 집합을 의미하며, 다른 집합과 다름을 의미하기도 한다.

오온pañca-skandha · 五蘊이란 우리 각 개인은 5가지 요소가 집합된 존재로서, 색色(신체), 수受(자극을 받아들이는 감수感受작용), 상想(의식을 구성하는 개념槪念 · 지각知覺 · 표상表象), 행行(능동적 심적 작용에 의한 의지 및 행동적 욕구), 식識(대상을 분석, 판단하고 종합하는 인식활동) 이렇게 5가지 요소가 집합된 것이다. 나중에 오온은 일체一切법의 구성 요소라고 하였고, 색色은 물질계, 그리고 나머지 수상행식受想行識은 정신계를 의미하게 되었다.

오온개공五蘊皆空하다고 했으나, 공불이색空不異色이다. 오온은 모두 공空하여 없는 것이나, 없음은 존재함과 다르지 않다고 한다. 공空과 색色이 윤회輪廻하는 것이라고 풀이 된다.

수受도 공空이고, 다시 또 공空이 수受를 이루게 된다. 상想, 행行, 식識도 마찬가지이다.

물리학에서 물질[色]은 에너지[空]가 될 수 있음을 $E=mc^2$로 공식까지 만들어, 질량을 가진 물질이 얼마만 한 에너지를 만들 수 있는가를 아인슈타인이 특수상대성원리에서 밝혔다. 그런 에너지空가 다시 물질色이 될 수 있어 공불이색空不異色이 성립될 것으로 생각된다.(E: 에너지량, m: 질량, c: 빛의 속도)

질량-에너지 등가等價원리mass-energy equivalence로 정리하여 설명될 것 같다.

오온에 관한 이야기에서 우리의 감각을 통해 보고 느끼는 신체와 자연 등 물질계의 의미가 색色으로 좁혀졌으나, 색에서도 오온의 섭리攝理를 찾아 볼 수 있을 것이다.

예를 들면, 여러 종류의 세포들은 망막, 수정체, 각막, 모양체, 시신경 등 각각의 조직을 만들고 조직들이 모여 시각기관인 눈이 형성되고 시각기능을 가지게 된다. 이런 감각기관(청각 · 후각 · 미각 · 피부감각기관 등), 소화기관, 순환기관, 배설기관, 운동기관 등이 모여 개체가 이루어진다. 세포는 모여 조직을 만들고, 조직들은 모여 기관이 형성되고, 이런 저런 기관들은 모여 신체인 몸을 이루게 되는 것이다.

원소(원자)의 종류도 100여 가지가 넘는데, 다 같지도 않고 원자를 구성하는 작은 입자인 전자, 원자핵과 그 핵을 이루는 소립자素粒子 · elementary particle가 약 300종 이상이고, 입자는 변하기도 하며 아직 밝혀지지 않은 부분이 있다. 그 작은 입자크기10nm 정도의 원자 속에서 얼마나 많은 박사와 노벨상이 나왔고, 앞으로 또 배출될까? 그런 원자들이 모여 분자를 만들고, 분자들이 모여 물질物質을 만들고, 물질들이 모여 물체物體가 이루어진다. 물체들은 목적에 맞게 활용되기도 한다. 물체의 종류는 얼마나 많으며, 물체를 만드는 물질은 또 얼마나 많은가? 물질도 한 가지 종류의 원자로 된 것도 있고, 고분자의 물질도 있어 여러 가지이다. 구조적으로 다른 경우도 있고, 생성방법이 다른 경우도 있어 설명이 간단하지 않다.

과학자들은 하느님만이 만들 수 있다던 생물체까지도 만드는 단계까지 왔다. 사람의 귓바퀴까지도 만들 수 있다. 또 성능 좋은 물질은 앞으로 계속 만들어지기도 할 것이고, 물체도 역시 그럴 것이다.

사회현상에서도 가족色들이 가정을 이루고, 가정들이 사회를, 여러 사회는 국가를, 국가들은 국제사회를 이루게 된다. 여기에도 오온의 이치가 적용되고 있고, 복잡한 인간 세상은 고해苦海가 된다.

우리가 사는 지구는 여러 구성 요소들이 얽혀 이루어지고, 지구와 같은 행성들이 모여 태양계가 이루어지고 그런 별과 항성들의 무수한 모임으로 은하계가 만들어져 밤하늘에 보이는 은하수인 것이다. 이 은하수는 많은 항성恒星과 성단星團, 성운星雲으로 이루어진다. 이 우리은하의 지름은 9만 8000광년이고, 두께가 3광년인 평평한 원판모양이고, 1만6천 광년의 지름을 가진 구형의 은하중심부가 있다고 한다.

별은 새로 생기기도 하고生 사라지기도滅 한다는 천문학자의 발표를 가끔 볼 수 있다. 별들도 생주괴멸生住壞滅하고, 윤회도 한다. 일천 광년의 별에서 이런 현상이 지금 관측됐다면 일천년 전에 일어난 현상이다. 그 현상이 일어난 빛이 지구까지 오는 데 천년이 걸렸기 때문이다.

안드로메다은하는 북반구에서 보이는 가장 밝은 나선은하로 여러 가지 특징이 우리은하와 흡사하다. 우리로부터 2×10^{19}km 떨어져 있고, 이 은하의 지름은 4.8×10^{17}km이다. 남반구에서 볼 수 있는 마젤란은하도 있다. 우리은하와 비교적 가까운 거리에 존재하는 은하 군이다. 이런 은하가 무수히 많다고 한다.

우리 지구가 포함된 태양계는 우리은하의 중심에서 한참 벗어난 3만 3000광년光年 되는 곳에 있다.

이런 무수한 별들이 우주를 이루고 있고, 여기에도 오온의 섭리가 작용하고 있다고 나는 생각하고 있다. 그렇지 않고는 정연한 질서가 유지되고 오묘한 변화가 일어나게 되겠는가. (* 1광년: 빛이 1년 동안에 가는 거리 9.46×10^{12}km)

영국의 우주물리학자 호킹Hawking은 몸 안의 운동신경 마비로 온몸이 뒤틀리고, 기관지를 절개하여 발성을 못하는 불구不具의 몸에도 불고不顧하고, 우주물리학에 몰두하여 '특이점의 정리', '블랙홀 증발' '양자우주론' 등 현대물리학에 혁명적 이론을 제시하였고, 미시微視의 세계를 지배하는 양자역학量子力學과 거시巨視의 세계인 상대성이론을 하나로 묶는 통합이론인 '양자중력론'을 연구하고 있다. 1990년 9월 휠체어에 타고 한국을 방문하여 서울대학교에서 '블랙홀과 아기우주'라는 주제로 컴퓨터에게 말을 시켜서 강연을 했다는 뉴스를 들었다.

슈뢰딩거Schrödinger는 양자역학의 이론 '원자이론의 새로운 형식의 발견'으로 노벨상을 받았는데, 원자, 분자, 소립자素粒子에 적용되는 역학으로 원자 속의 소립자는 입자이면서 파동성을 가지며 그 원자의 내부가 우주의 모습을 이룬다. 원자핵이 전자운電子雲, electron cloud에 쌓여 있는 것이 원자인 것이다.

화엄경華嚴經에 일미진중함시방一微塵中含十方이라고 적혀있는데, '작은 티끌 속에 우주의 이치가 들어있다'고 갈파喝破한 것이다. 허무맹랑한 이야기가 아니었다.

우주현상은 물질의 세계인 색色이므로, 수 · 상 · 행 · 식의 오온五蘊의 원리가 적용되지 않는다고 단언할 수는 없다.

인체나 생물의 신진대사와 생로병사에서도 오온의 이치를 찾을 수 있을 것이고, 스칸다[五蘊]의 정체가 밝혀질 날이 올 것으로 기대한다.

체코 극작가 K. 차페크의 희곡 「로섬의 인조인간」 같이 인간이 만든 로봇이 인간에게 도전을 하여 인간과 싸움을 하고, 저희끼리 사랑을 하는 이야기가 있듯이, 허무한 상상을 한번 해 본 것일까?

3

붓다는 신격화神格化를 거부했다.

비구 밧카리는 중병을 앓아 나을 기미가 보이지 않았다. 그때 그의 마지막 소원은 다시 한 번 붓다를 뵙고 싶다는 것이었다. 그 뜻이 붓다에게 전해져서 환자를 찾아 오셨다. 밧카리는 몸을 일으키려 했으나, 바로 눕게 하고 붓다는 그 머리맡에 앉았다. "밧카리여, 좀 차도가 있는가?" 묻자 환자는 "부처님이시여, 이제 마지막이어서 뵙고 두 발에 정례頂禮를 드리고 싶습니다."라고 했다.

그 때 붓다가 한 말씀은 경전에 이렇게 전하고 있다.

'밧카리여, 이 나의 늙은 모습을 보아 무슨 소용이 있으랴. 이렇게 알아라. 법物心善惡의 사상事象을 본 자는 나를 본 것이고, 나를 본 자는 법을 본 것이다.'라고 말씀하셨다.

붓다는 자기를 경배하려는 청을 거부하고, 죽어가는 제자에게 '나를 보려하지 말고, 법을 보라'라고 하셨다.

여기에 붓다와 제자들의 관계가 나타난다. 제자들은 붓다의 가르침을 믿고 따르는 사람이지만, 붓다는 제자들에게 예배의 대상도 아니고, 매달려 구제를 탄원해야 할 신神도 아니다. 붓다는 구원을 줄 수 있는 무소불능無所不能의 존재가 아니다.

불교에도 신앙 고백은 있다. 삼귀의三歸依를 해야 한다.

'거룩한 부처님께 귀의합니다.'

'거룩한 가르침에 귀의합니다.'

'거룩한 스님들께 귀의합니다.'

이 삼귀의는 붓다에 대한 신앙고백으로, 법을 알고, 법을 실천하며, 붓다의 지혜와 인격에 무한한 신뢰를 보낸다는 것으로 더 이상의 뜻은 없다.

부처Buddha는 사람이며, 예수교나 이슬람교에서와 같은 신神도, 신의 아들도 아니고, 신과 인간의 중재자도 아니고, 대속자代贖者도, 심판자도 아니다.

불교에 관하여 옮기고 싶은 말씀이 너무 많다. 이쯤에서 줄여야겠다.

마스다니 후미오의 불교개론에 정리되어 기록된 부처님의 십호十號를 옮겨놓고 마치려 한다.

붓다[佛陀]는 세상의 존경을 받을 사람[應供], 모든 것을 깨달은 사람[正等覺者], 지혜와 실천을 겸비한 사람[明行足], 다시는 윤회를 되풀이하지 않는 사람[善逝], 이 세상일을 잘 알고 있는 사람[世間解], 모든 중생의 스승인 사람[天人師], 가장 높은 사람[無上士], 마음을 잘 조정할 수 있는 사람[調御丈夫], 진리를 깨달은 사람[佛陀], 세상에서 가장 존귀한 사람[世尊]이다.

— 2015. 6. 18.

토끼와 여우

1

토끼와 거북이가 경주하는 이솝우화寓話는 모르는 사람이 없다. 토끼는 자기가 빨리 달릴 수 있는 것을 자만하여 도중에 잠을 잤으나, 자기가 느리다는 것을 잘 알고 있는 거북은 쉬지 않고 계속 달려 결국 승리하였다는 이야기이다. 느리더라도 꾸준히 그리고 열심히 하면 언젠가는 성공한다는 교훈을 담고 있다. 나는 공정하지는 않다고 해도, 경쟁하라고 하면 해야 되는 것이로구나 하는 것도 교훈(?)으로 얻었다.

이 경기는 공평하지 않고 정당하지도 않다. 거북이는 경기에서 힘겹게 승리했지만, 요즈음 같으면 출발하기 전 경기 주관자에게 바다에서 경주를 하자고 제안했을 것이다. 토끼는 땅의 풀밭이기에 낮잠만 잤을 것이지만, 바다에서 경기를 했다면 영영 잠들었을 것이다. 경기를 시키려면 능력과 조건을 배려해 주었어야 된다. 아래와 같은 사려 깊은 우화 '사자와 여우'를 만든 이솝이 왜 '토끼와 거북' 같은 공정하지 못한 얘기를 만들었을까?

사자가 병든 척하고 동굴 안에 웅크리고 앉아서 병문안 오는 동물들을 잡아먹고 있었다. 어느 날 여우가 찾아왔으나 동굴 안으로는 들어오지 않으므로 사자가 그 이유를 묻자, 여우는 "안으로 들어간 발자국은 많으나, 밖으로 나온 발자국은 하나도 없어요."라고 대답하였다. 신중하면 위험을 피할 수 있다는 가르침이다.

이솝이 기원전 6세기 고대 희랍 사람이니 현명하기도 했다가 깜빡깜빡하기도 했다가, 오락가락했다고 평하고 싶다.

2

오늘날 사람은 많고 일자리는 많지 않아 입사전형이 있으면 일류 회사는 경쟁률이 300대 1이 넘는다는 보도에 모두 놀랐다. 공무원 시험은 더 세다. 공무원은 신분이 보장되어 쉽게 해고되지 않기 때문이라고 한다.

그런데 어떤 곳은 지원자가 적어 인력 충원에 어려움이 많다고 한다. 중소기업에 취직하면 희생만 당할 것이란 우려에서 취업지망을 기피하는 사람이 많다. 자본이 없어 그러기도 하겠지만 정말 악랄惡辣한 업주業主도 있다.

이런 저런 이유로 취직을 못해 빈둥거리는 사람이 많고 도서관에서 공부하며 취직을 준비하는 사람이 많다. 불공평한 점이 많고 해결책은 난망難望하다. 에잇! 창업이나 할까? 이것도 쉬운 일이 아니다. 요즈음 5년 동안에 창업성공률은 0.4%이다.

최고의 경쟁력을 갖추고자 하는 노력은 어려서부터 시작하여 일생 동안 이어지게 된다. 출신학교와 출신지역이 중요하고, 외국어 실력, 컴퓨터 실력도 필요하다. 사회성, 적응력, 응용능력, IQ(감성지수), EQ(지능지수), 체력體力, 자격증 등 갖추어야 할 것이 많기도 하다. 이런 것들을 체득하기가 쉬운 일이겠는가?

경영주(CEO)가 인재人材를 고를 때 되도록 모든 것을 갖춘 완벽한 사람을 원할 것이다. 그런데 모든 것을 갖춘 사람은 합격하여 근무하다가 더 좋은 곳을 찾아가기 때문에 싫다는 사람도 있다. 어렵게 합격하여 신상서류도 제출하기 전 며칠 근무하다가 말도 없이 나오지 않는 사람을 많이 보았다. 경쟁력을 갖춘 사람이라도, 출신지역이나 출신학교가 맘에 안 든다고 비토veto를 당하는 경우도 보았다.

세상 삶이 정말 쉬운 게 아니다. 공정하지도 않거니와 갖출 것 갖추고, 잘하고 있어도 정당한 평가를 못 받거나, 또는 주위로부터 시기와 질투를 받게 될 때도 있고, 음모에 휘말릴 수도 있다. 그런 속에서 적이 없으려면 겸손하고, 양보할 줄도 알아야 한다. '사자와 여우' 우화의 여우같은 지혜를 가지고 있어야 하지만, 자기 PR이라면서 기회만 있으면 자기 과신과 자만에 빠져 자기 자랑을 늘어놓아서도 안 된다. 비웃는 줄도 모르고 한 잔 들어가면 혼자 재능자랑, 자식자랑, 자기 과거 자랑으로 황홀경인 사람이 있다.

거북이와 같이 꾸준히 노력하여 능력을 획득해 나가면 다른 사람과 비교하여 처지지 않는 능력을 갖추게 될 것이다.

삶에 주기가 있다고 한다. 기회가 오면 기회를 놓치지 않도록 항상 준비되어 있어야 한다.

— 2015. 5. 12.

상불경常不輕 같이

1

태조 이성계가 무료無聊했던지 무악대사에게 농을 걸었다. “대사님이 나에게는 멧돼지로 보이는데도, 지혜가 많으십니다. 어디에 지혜가 들어 있나요?” 하면서 칭찬을 한참 늘어놓더니,

“대사는 내가 어떻게 보이는지요?”라고 물었다. 대사는

“저는 대왕께서 부처님처럼 보입니다.” 멧돼지보다 심한 응답이 나올 줄 알았던 임금은 재미없다는 듯,

“어찌 그런 싱거운 대답을 하시나요?”라고 하자, 대사가 이렇게 대답했다고 한다.

“부처님께서는 누구를 보아도 부처로 보이나, 멧돼지는 모든 것이 멧돼지로 보이는 것이지요.”라고. 태조왕은 손을 들고 말았다고 한다.

불교 법화경法華經에 보면 상불경常不輕 보살의 야기기가 있다. 그는

모든 사람(중생衆生)은 불성을 가졌다고 굳게 믿고, 만나는 사람마다 공손하게

'저는 당신을 존경합니다. 왜냐하면 당신은 앞으로 보살도菩薩道를 행하여 반드시 부처님이 될 것이기 때문입니다. 따라서 저는 당신을 가벼이 볼 수 없는 것입니다.'라고 하며 합장合掌을 했다.

어떤 사람들은 화를 내며 욕설을 하고, '그런 수기受記는 필요 없다'고 피해 다니는 사람들도 있었다. 꾸짖고 욕설하고 심지어 몽둥이로 때리기도 했지만, 사람들에게 화내지 않고 여러 해 동안을 그렇게 했다. '당신은 부처가 될 분입니다'라는 말을 듣던 사람들은 몇 년 후 드디어 그를 '남을 항상 가벼이 대하지輕視 않는다'는 뜻의 상불경常不輕보살이라 부르게 됐고, 그를 욕하고 때렸던 사람까지 그에게 귀의歸依했다고 한다.

알베르트 슈바이처(1875~1965)가 어릴 때 이야기다. 즐겁게 자전거를 타고 있는 친구를 나무 그늘 밑에서 쳐다보고 있는데, 지나가던 어른이 '너도 자전거를 타 봐라'라고 했더니, 슈바이처는 '저 자전거는 제 것이에요.' 했다는 이야기가 생각난다. 타고난 천성도 있었겠고 가정교육, 학교교육도 좋았을 것이다. 그런 사람이니 인도적인 큰일도 했고, 세기적인 추앙이 이어질 것이다.

이렇게 남을 배려해 줄 때 원만하고 따뜻한 인간관계가 형성되고, 이런 속에서 위치질서와 역할질서를 이룰 수 있을 것이다.

2

요즈음 사람들과 같이 살아가다 보면 서로 불신하고, 무례한 사람들

을 많이 본다. 역지사지易地思之하여 서로를 배려할 줄 알고 서로 돕는 관계를 이루지 못하고, 자신의 이익만을 구하고도 뻔뻔스레 시치미를 떼는 인간들이 있다. 사람은 한 번 속지 두 번 속지 않기에 그런 사람과는 이웃하려 하지 않는데, 자기를 외면한다고 주위 사람에게 불만을 늘어놓는 감바리를 보았다. 배려를 모르고 자기 위주의 삶을 살고 있는 사람이 있다.

이런 현상은 어릴 때부터 가정에서 귀하게 커서 원하는 것은 모두 들어주고, 매나 야단도 맞지 않고 자란 사람들에게서 나타난다고 한다. 요즈음 형제자매 많지 않아 귀한 자식으로 자라고, 학교에서도 회초리가 없는 세태世態이니 앞날이 걱정된다. 우리 속담에 미운 자식 떡 하나 더 주고, 예쁜 자식 매 한대 더 때린다는 말은 좋은 교훈이지 싶다. 사랑의 매는 꼭 필요하다. 학교에서 통제 불능의 아이들이 많고, 책을 읽어보라고 하면 '왜요? 싫어요, 안 읽어요.' 하는 등 선생님 학습지도도 거절하는 정도이니, 퇴직을 원하는 경우가 점점 늘고 있는 것이다. 학부모가 아동을 등교시키며 '다녀오겠습니다.'라는 인사도 시키지 않고, '선생님 말씀 잘 듣고, 공부 잘하고 오라.'라고 당부를 하지 않는 모양이다.

가족 간에 배려하고 이해하려는 노력 없이 상처를 주는 경우가 많다. 가족 간에 허물이 없고 다정하기 때문에 그렇다는 핑계를 대는 사람도 있으나, 가족이니까 더 극진하게 예의를 갖추어야 한다. 특히 대화가 잘 이루어져야 한다. 잘못된 대화는 관계를 악화시키나, 악화된 관계의 해결도 대화를 통해서 이루어진다. 상대의 말을 자르고 끼어들어 말을 못하게 하거나, 퉁명스런 말은 상대를 속상하게 한다. 이기기만 하고 질 줄을 모르고, 자기 말만 늘어놓고 상대의 말을 듣지 않으면 갈등은 증폭된다. 온화한 표정으로 소통하는 것도 버릇이다. 가정에서 결함이 있으면 밖에서도 그렇다. 집에서 새는 바가지가 밖에서도 샌다는 속담은 새겨들어야 한다.

우리는 마음을 맑고 깨끗하게 닦아서 세상을 맑은 시선으로 보아야 하고, 다른 사람도 귀하게 여겨 배려해 주는 따뜻한 삶을 살아야겠다.

— 2015. 5. 10.

질서 만들기

1

깨끗하지만 밥알 하나가 김치 위에 놓인 광경을 보면서 식사를 맛있게 할 사람은 없을 것이다. 몸에서 나온 변便을 보면 고개를 돌리게 되지만 그것이 변기통에 들어있으면 더럽다고는 하지 않는다.

질서는 위치질서, 역할질서, 관계질서로 나눌 수 있다.

질서를 지키지 않을 때 우리는 역겹고 더럽다고 느끼게 된다. 앞의 예와 같이 깨끗한 밥알이 추하게 느껴지는 것은 밥알이 밥그릇이 아닌 곳에 놓여 있기 때문이요, 위치질서가 지켜지지 않았기 때문이다. 불쾌한 냄새의 변이지만 변기통에 놓여 있으면 위치질서가 있으므로 더럽다고 생각하지 않는다.

공직자가 직분職分을 망각하고 태만하고 독직瀆職을 하면 비난을 받고, 금품金品에 눈이 어두워 횡령하게 되면 징역懲役생활을 하는 것을 본다. 또 좋은 직책에 있으면서도 욕심을 챙기지 못하면 병신이라고 비웃음을 받던 때도 있었고, 지금도 그런 현상이 일부 사람들에게 남아 있기도 한다. 불법을 저지르고도 자기반성은 않고, 조사를 받고 처벌을 받는 것을 원망하고 한탄하는 사람들도 있다. 이런 현상은 역할질서가 무너진 것이요, 감방 생활을 해야 할 일들이다.

관계는 둘 이상의 사람 · 사물 · 현상 등이 서로 관련을 맺게 되는 것으로 이러한 관계에는 관계질서가 이상적으로 형성돼야 한다. 헤아릴 수도 없이 많고 많은 복잡한 관계가 있을 것이다. 특히 사람과 사람 사이의 관계는 미묘하여 대충대충 살 수가 없는 경우가 많다.

개념이나 판단, 상호간의 논리적 관계, 시간과 공간상의 관계, 인과관계 등등이 있어 이런 복잡한 관계를 완벽하게 풀어가는 사람은 많지 않을 것이다.

공자 같은 성인聖人도 70세從心에야 비로소 마음 내키는 대로 행동해도 법도에 어긋나지 않았다고 하지 않았던가? (七十而從心所欲 不踰矩 -論語의 爲政편)

관계질서를 잘 이룰 수 있도록 하기 위하여 종교를 가지고 절대자에게 의지하는 것일 것이다. 모든 질서가 유지되고 서로 믿고 다투지 않고 사는 곳이면 그곳이 곧 천국일 것이고 이상향utopia일 것이다.

질서를 지키게 해달라고 기도해야 하는 것이지, 질서를 어겨 죄를 짓고, 죄를 용서 받기 위하여 종교를 가지는 사람에게는 구원은 없을 것이다.

2

학문은 수많은 분야가 있지만 크게 세 분야로 분류할 수 있다.

인문과학, 사회과학, 자연과학 이렇게 나눌 수 있다. 그런데 21세기의 오늘 이 학문들의 발전 상황을 비교해 보면 같지 않다.

버트런드 러셀은 '지금은 히포크라테스보다는 훨씬 앞서 있다. 그러나 플라톤보다 조금도 앞서 있다고 할 수 없다.'라고 했다.

두 사람은 비슷하게 고대 희랍 시대를 살았던 사람이나 히포크라테스Hippocrates는 의사로 자연과학자이고, 플라톤Platon은 철학자로 인문 · 사회학자라고 할 수 있다.

현재 자연과학 및 기술은 눈부신 발달을 했으나, 인문과학이나 사회과학은 옛날이나 지금이나 비슷하다는 말이다.

물질문명은 호화찬란하고 풍요를 이루고 있으나, 정신문화는 말과 이론만 많지 실천은 막연하고, 윤리·도덕과 질서를 지키는 문제는 지난至難한 문제로 남아있다.

3

윤리와 도덕에 대한 몇 가지의 견해를 열거해 본다.

공자와 맹자를 위시爲始한 유가사상가儒家思想家들은 인仁을 사람다워지는 기본으로 보았다. 인仁은 주체가 자신이며 가까운 곳에서 시작되어 부모에 대한 사랑[孝], 형제간의 우애[悌]가 인을 이루는 근본이라고 했다.

『논어論語』의 「자로子路」편에는 이런 대화가 있다.

葉公語孔子 曰 "吾黨有直躬者, 其父攘羊, 而子證之."

孔子 曰 "吾黨之直者, 異於是, 夫爲子隱, 子爲夫隱, 直在其中矣."

섭공이 공자에게 말하였다.

"우리 마을에는 강직한 사람이 있는데, 그의 아버지가 양을 훔치자 그 일을 고발하였습니다."

공자께서 말씀하셨다.

"우리 마을의 정직한 사람은 그와 다릅니다. 아버지는 아들을 위하여 숨겨주고, 아들은 아버지를 위하여 숨겨 주는, 바른 점이 바로 그런 곳에 있습니다."

법적 판단이 인간 본성에서 나오는 행위보다 우선일 수 없다. 시비지심是非之心이 측은지심惻隱之心 다음이다.

임꺽정은 탐관오리의 재물을 빼앗아 빈민들에게 나누어 주었고, 관아의 창고를 털어 가난한 사람들에게 나누어 주었다고 한다. 질서를 어지럽히고 관아를 습격하고 관원을 죽였고 체포되어 처형되었으나, 의적으로 추앙받기도 한다.

또, 공자는 인간의 바른 삶과 정치의 이상으로서 정명론正名論을 주창하여, 자신의 이름에 부끄럽지 않도록 본분을 다해야 한다고 했다. 임금은 임금다워야 하고, 신하는 신하의 구실을 올바로 하고, 아버지는 아버지답고 자식은 자식의 도리를 다할 때, 세상은 바로 선다고 보았다. 역할질서 및 관계질서를 이룩해야 함을 말함이다.

노자老子는 인위적인 노력보다 자연에 따르는 무위無爲에서 질서를 찾았다.

노자는 제일 좋은 것은 물과 같은 것上善若水이라고 하여 물을 본받아 항상 낮은 곳을 향하며 겸손해야 할 것이요, 탐욕을 버리고, 만족할 줄 알고, 분수를 지킬 줄 알아야 한다고 해석된다.

불교佛教는 기본적으로 인간의 고통에서 벗어나고자 하는 데에서 출발한다. 고통의 원천은 무명無明으로 인한 욕망과 집착에 의하여 탐욕[貪], 노여움[瞋]과 어리석음[痴](삼독三毒)에 빠지고 괴로워하는 것이라고 한다. 따라서 불가佛家는 이런 일체의 욕망에 대한 집착과 번뇌가 사라진 열반의 세계解脫, Nirvana에 도달함을 목적으로 한다.

그러면 어떻게 열반에 이를 수 있을까? 부처님은 팔정도八正道를 가르쳤다. (팔정도는 '오온의 세계'에 기술됨.)

불교에서는 인간의 행위를 업業, karma이라 하고, 행위는 업보業報라는 결과를 낳는다고 했다. 우리의 좋은 행위에는 좋은 결과, 나쁜 행위에는 나쁜 결과가 뒤따르게 된다. 의지적 행동이 원인이 되어 자업자득自業自得의 결과와 인과응보因果應報가 생긴다. 그러나 업이란 결정되어졌다 하더라도 노력에 따라 어느 정도 고칠 수 있다고 했다. 나쁜 업에 대해서도 좋은 업을 쌓아서 그 결과를 좋게 고칠 수 있다는 것이다.

남에게 기쁨을 주고, 남에게 베풀고도 자랑하지 않으며, 평안한 마음을 가지는 것이 자비慈悲이다.

불가에서는 계행戒行을 중시한다. 대표적인 계로서 5계五戒가 있다. 오계는 살생하지 말라, 도둑하지 말라, 간음하지 말라, 거짓말 하지 말라, 술 마시지 말라, 이렇게 다섯 가지로서 삼업三業(몸身, 입口, 마음意)에 의해 업을 짓게 된다. 이런 업을 짓는 행위가 고통의 씨앗이 되며 여기서 지은 업 때문에 괴로움을 벗어나지 못한다고 판단하기 때문에 이 삼업을 청정清淨하게 하는 것이 질서를 만드는 것이다.

서양에는 영국의 공리주의가 있다. 행위는 최대 다수의 최대 행복을 줄 때가 옳다고 했고, 독일의 칸트는 모든 사람이 옳다고 수긍할 수 있도록 보편성을 띠어야 한다고 했다.

미국의 신학자 니부어niebuhr는 사회가 도덕적이 되기는 어렵다고 했다. 개인은 이성, 양심, 신앙 등에 의해 윤리적일 수 있으나, 이러한 개인들이 가담된 단체는 이기적이 된다고 하면서 특히 국가는 가장 이기적인 공동체라고 하였다.

일본인 개인들은 예의 바르고 겸손하고 순응적인 국민성을 갖고 있지만, 일본이란 나라는 국익을 위해서 강대국에게는 민감하게 다가가지만, 약소국에게는 국수주의를 견지하는 비굴함이 있다.

사회와 국제윤리 질서를 위해서는 사회단체나 국가가 이기적이 아닌 건전한 가치관과 도덕적 규범을 마련하여 다른 집단, 국가 간에 협력하고 공존 공생할 때 질서가 이루어질 것이나, 서로 간의 상충相衝되는 이해관계 때문에 원만한 관계를 만들기가 어렵고, 힘의 논리에 좌우될 것이다.

따라서 위치질서나 역할질서보다 관계질서를 바람직하게 이루기가 제일 어려울 것이다.

4

산업화와 도시화가 진행됨에 따라 생활방식과 사고방식이 변화하였다. 시골 한 집에 어려움이 생기면 온 마을 사람들이 자신의 일처럼 걱정해 주고 슬퍼하며 돕고 있으나 도시에서는 이웃에 누가 사는지도 모를 정도로 폐쇄되어 있고, 가족마저도 해체되는 경향이 나타나고 있다.

외래사조와 전통사회의 가치관이 혼돈되어 있어 올바른 가치기준을 정립하지 못하고 혼란 속을 헤매고 있는 것이다. 인문이나 사회과학적 문제들은 자연과학에서와 같이 정답이 하나만 있거나 정해진 것이 아니기 때문에 고정된 관념에 붙들려 시비나 선악을 판단하지 말고, 주어진 상황을 고려하여 최선의 것을 선택해야 할 것이다. 완전무결한 해법은 없다.

자신만의 편의와 이익만을 추구하지 않고, 공공의 질서도 존중할 줄 알아야 할 것이다.

– 2013. 5.

불 에너지

'화재 현장에서 산화된 소방관은 영웅이 되나, 화재예방에 공헌한 소방관은 빛을 보지 못한다.' 언제 무엇을 보고 써 놓은 것인지 내 잡기장에 이런 글을 보고 불에 대한 생각을 하게 되었다.

물과 불은 인류의 생명유지를 위해 절대적으로 필요하지만, 무서운 재앙을 가져다주기도 한다.

빛과 열을 발산하는 불은 우리 인류가 만물의 영장으로 올라 설 수 있게 해 주었다. 불을 사용함으로 인하여 원시시대부터 사람은 만물의 영장靈長으로 군림하게 되었으며, 불의 사용에 의해서 인류는 처음 거주하던 열대지역을 떠날 수가 있게 되었고, 살기 좋게 환경을 만들어가면서 진화하고 발전했을 것이다.

인류만이 자연 속에서 불이라는 편리한 에너지를 얻게 됨으로써, 추위를 이길 수 있는 따뜻함과 어둠을 밝힐 수 있는 빛을 얻었다. 불을 이용하여 음식물을 조리할 수 있고, 금속을 얻어 도구도 만들 수 있었다. 그러므로 불은 우리 인류가 자연에 도전하여 인류문명사회를 구축할 수 있게 해 주었다. 인간이 자연에 적응하는 능력을 가지면서 자연을 변화시켜가는 능력까지 확대해 가고 있음은 불이 주는 커다란 혜택이다.

인류가 언제부터 어떤 이유로 불을 사용하기 시작하였는가에 대해서는 아직 분명히 밝혀지지 않았지만, 중국의 북경원인原人거주지 주구점周口店동굴 유적으로 보아 전기前期구석기시대 후반으로 짐작된다고 한다. 중기구석기 시대의 유적에서 가마터爐趾가 발견되었으며, 후기구석기시대 이후에는 도구의 제작 등에 불이 이용되었던 사실이 밝혀졌다고 한다. 신석기시대에는 돌을 부딪쳐 사람이 직접 불을 일으킬 수 있는 부싯돌을 사용하였다. 내가 어릴 때, 성냥이 없으면 부싯돌을 사용하고, 화경火鏡돋보기를 이용하던 모습이 아직도 기억에 남아있다. 또 점토粘土를 불로 구워서 만든 토기가 발명되어 생활기술이 한층 더 진보되었으며, 마침내 아주 높은 온도의 화로에서 금속 기구를 만들어 낼 수 있게 됨으로써 석기시대에서 청동기와 철기시대로 발전이 이루어졌다.

1712년 영국 뉴커먼은 증기기관을 만들었고, 증기기관을 시작으로 불의 열에너지를 기계에너지로 바꾸게 됨으로써 산업혁명을 달성하여 근대문명의 토대를 이루었다.

그러나 오늘날 산업시설과 자동차에서 나오는 불이 만들어 놓은 폐기 가스도 해결해야 할 중대한 문제이다.

애써 길러놓은 수십 년 된 삼림森林이 삽시간에 사라지는 산불은 얼마나 무서운가.

이 불로 인한 화재는 오늘의 문명사회가 짊어진 무거운 문제이기도 하다.

소방은 화재예방과 경계 또는 화재를 진압하여 국민의 생명 · 신체 · 재산을 보호하기 위한 활동으로 어느 것 하나 소홀히 할 수 없는 중요한 일이다. 이 중요한 일 중 제일 위험한 임무는 불났을 때 불을 끄는 일이다.

오래전에 한 어머니가 밭일을 하다가 집에 불이 났다고 알려주어 달려와 보니 집은 타들어 가는데, 두 어린 아들이 불속에 갇혀 나오지 못하고 울고 있어 그대로 뛰어들어 안고 나와 두 아들은 무사히 살아났고, 어머니는 심한 화상을 입었으나 목숨은 건졌다. 그러나 화상의 상처는 어쩔 수가 없었다. 한 아들은 화상 흉터자국이 심한 어머니의 모습을 부끄러워하였으나, 다른 아들은 그런 어머니의 모습을 자랑스러워했다는 이야기가 있다. 부끄러워하던 자식도 언젠가는 화상상처를 사랑의 훈장으로 생각하는 날이 왔을 것이다.

어느 아버지는 해수욕장에 아들과 함께 갔다가 아들이 튜브를 놓쳐 허우적거리자 온 힘을 다하여 헤엄쳐가서 구하고 인공호흡을 시켜 살린 후 실신失神하더라는 이야기를 들었다. 혼신渾身을 다하여 자식을 살리고 혼절昏絕했으리라. 자식을 위해서는 물불을 가리지 않는 어버이인 것이다.

항상 무사하게 가사를 이끌고 자식의 안전을 챙기고 염려하는 부모를 공경하고 자랑스러워해야 할 것이다.

그러고 보면 소방관들은 우리의 안전을 지켜주는 부모의 반열班列에 놓고 모셔야 될 성 싶다. 화재현장에 생명을 걸고 뛰어드는 소방관에게 불 속의 생명은 자기 가족으로 생각될 것이다.

— 2015. 6. 3.

제4장

유감

푸대접 유감

1

전라도는 오래 전부터 푸대접을 받아 왔다. 고려 태조(왕건)는 943년 후세의 왕들이 치국治國의 귀감으로 삼도록 유훈을 훈요십조訓要十條로 남겼는데, 차현車峴(충북 음성 차현고개) 이남인 금강錦江 남쪽 산형지세山形地勢는 배역背逆이니 그 지방의 사람을 등용하지 말아야 한다고 했다. 백제가 신라에 복속되었을 때부터 통일 신라로부터 받아오던 차별은 계속 이어졌다고 한다. 인재등용은 큰 차별은 받지 않았다고 전해지나 백성들의 일상생활에서 전라도 사람들은 괄시恝視를 받았을 것이다.

조선 중기 정여립이라는 걸출한 인물이 출현하여 4색 당쟁 속에서 따돌림을 받다가 낙향하여 대동계大同契를 조직하였다. 임진왜란(1592) 전前, 정해년(1587)에 왜선 18척이 전라도 해안에 침입했을 때 왜에 대항하여 물리치기도 했으며, 당쟁의 소용돌이 속에서 역적의 누명을 쓰고 마이산속에서 자살하고 말았다. '천하는 공물이니 어찌 따로 주인이 있으리오. 요堯, 순舜, 우禹가 임금의 자리를 서로 전하지 않았는가?'라는 주장을 듣고 당시의 유생들은 '선생의 이런 주장은 유현儒賢들이 아직까지 말하지 못하였던 것이다'라고 하였다. 최초의 공화정치에 대한 언설言說이 역적을 도모했다는 구실이 되었을 것이다. 대동계 소탕을 목적으로 몰려오는 관군에 대항하여 조금도 저항하지 않고 대동계 사병私兵을 해산하고 스스로 자살했다고 하는데 어찌 역적이라 할 것인가? 목자망전읍흥木子亡奠邑興, 즉 '이씨는 망하고 정鄭씨가 일어난다'는 설을 이용하여 이씨왕조李氏王朝는 망하고 자기(정여립)가 임금이 된다고 한 것은 모략이고, 조작된 것이라는 주장이 있다. 기축옥사로 많은 호남인들이 참변慘變을 당하고 호남인들이 푸대접을 받아 왔다고 한다. 왜적을 대항하여 승리한 대동계의 병력이면 관군을 맞아 한판 저항을 했을 법도 한데 왜 맞서지 않고 병력을 해산하고 자살하고 말았을까? 이후 호남 푸대접은 눈에 띠게 심했다고 한다.

임진·정유왜란(1592-1598) 때 호남에서 1만 2,000명의 무명농민 의병을 배출하고 희생된 것을 목격한 충무공 이순신 장군은 若武湖南是無國家(약무호남 시무국가. 호남이 아니었으면 이 국가는 없었을 것이다.)라고 갈파喝破했던 것이다.

2

1894년(고종 31년) 동학농민봉기의 주무대主舞臺가 전라도로서 고부군에서 시작된 동학계東學系 농민의 혁명운동이 일었다. 그 규모와 이념적인 면에서 농민봉기로 보지 않고 정치개혁을 외친 하나의 혁명으로 간주되며, 또 농민들이 궐기하여 부정과 외세外勢에 항거하였다.

9월에 접어들자 전봉준은 전주에서, 손화중은 광주에서 궐기하였으며, 호남 · 호서의 동학교도와 농민이 일제히 들고 일어났다. 전봉준은 전주 삼례를 동학군의 근거지로 삼고 대군을 인솔, 일단 논산에 집결한 뒤 3방향으로 나누어 공주로 향하였다. 또한 각지의 수령들도 수원 · 옥천 등 요지를 점거하여 동학군을 원호하였다. 한편 이러한 정보를 입수한 관군과 일본군은 급히 증원부대를 요청, 동학군이 공주에 이르렀을 때에는 이미 만반의 태세를 갖추고 있었다. 10월 21일 전봉준의 10만 호남군과 손병희의 10만 호서군은 관군과 일본 연합군을 공격, 혈전을 거듭하였으나 상대방의 막강한 근대적 무기와 화력으로 인해 우금치(공주 금악동)에서 결정적 패배를 당하여 논산 · 원평 · 태인 등으로 퇴각하였다. 동학 원평 귀미란 전투는 관군이 일본군 지원을 받아 동학농민군은 소총을 맞아 죽어 귀미란 뒷산에 묻혀있고, 전투가 있었던 동네 앞 논에서는 지금도 왜놈 소총 총알을 주울 수 있다. 그때 죽은 동학 농민군을 추모하는 제사를 귀미란 동네에서 지내다가 지금은 김제시가 주관하고 있다.

귀미란 전투에서 피신한 전봉준은 순창에 피신 중, 11월 배반자의 밀고로 체포되어 95년 3월 서울에서 처형되었다. 이로써 미증유未曾有의 광범한 민중의 무장봉기로 일어난 동학농민운동은 1년 동안에 걸쳐 30~40만의 희생자를 낸 채 끝났고, 이들의 개혁의지는 이후의 정치에 큰 영향을 끼쳐 위정자의 반성과 각성을 촉구하여 갑오개혁[甲午更張]의 정치적 혁신을 가져왔다.

이후 전라도는 훈요십조의 호남 역향逆鄕은 입증이 되었다며 노골적인 따돌림과 질시疾視를 받아왔다. 나, 너 할 것 없이 군대생활에서도, 서울 유학에서도, 서울 회사를 다닐 때에도 수시로 지역 차별의 괄시를 받으며 살고 있는 것이다. 서울에서 전라도 학생은 하숙집 구하기가 어렵고, 호남 사람의 범죄 사건이 일어나면 사사로운 자리에서는 더 심한 비판과 욕설을 받게 된다. 군에서 탈영이 많다고 전라도는 '하와이'라고 불리고, 면회 와서 아들을 배낭에 넣고 영내營內를 빠져나가다가 발각되어 호남출신 군인들은 '니꾸사꾸'라는 별명이 붙었다.

일제시대에 전주와 고창에서 호남선 철도 부설附設에 반대하여 이리-정읍-장성 갈재를 넘는 어려운 철길이 났고, 전주에 육군 제2훈련소 설치하려 할 때 반대하여 충남 연무에 유치되었고, 부안 위도에 방폐장防弊場를 설치하려다가 부안 사람들의 결사반대로 경북 경주로 빼앗겼다.

이런 일들을 미루어 볼 때 전라도 푸대접은 자초自招한 면도 있다고 생각되기도 한다.

더구나 제3공화국 말 광주사태 이후에는 전라남도로부터도 따돌림을 받고 있는 이유는 자기들 저항에 동조하지 않았고, 도와주지 않았기 때문이란 말이 들린다. 전라북도는 서울에서, 충청도에서, 강원도에서, 경상도에서, 전라남도에서까지 괄시를 받고 있으니 이래도 되는 것인가. 자기 고향 사람이 아니라고 괄시하면 어찌하란 말인가? 그런 괄시를 받기만 할 사람이 어디 있을까? 서로가 그러고 있으니 문제가 아닌가?

정치인들도 실수한 것이 얼마나 많은가? 표를 얻기 위해 지방색을 드러내는 일이 많았다. '우리가 남이가?' 하면서 지방색을 조장하여 표를 얻고 그렇게 정권을 잡아 무얼 하겠다는 것일까? 이는 죄악이다. IMF 때 전라도에는 문 닫는 공장이 적다는 것은 전라도 정권의 혜택이란 경상도 사람들의 이야기 소리를 들었다. 도대체 이런 엉뚱한 말은 또 무엇인가? 공장이 있어야 망하기도 하는 기업이 있을 게 아닌가? 지금은 모르겠으나, 70년대에 경상도 한 상점에서 담배 한 갑 달라 했더니 대꾸하지 않고 들어가기에 의아疑訝했는데, 경상도 말씨가 아니면 빨치산이라 생각하는 사람이 있다는 것이다. 경상도가 아닌 곳은 6·25사변에 북한군에 점령된 곳이고 빨갱이가 됐다고 믿는 사람이 있다고 한다. 지방민을 결속하기 위하여 다른 지방 사람을 헐뜯는 정치라면 죄악이다. 수단방법 가리지 않고 선거에 이겨야 하는가?

1963년 전북에서 충남으로 편입한 금산군민들은 전라도 개땅쇠를 벗었다고 좋아할지 모르나 지금도 껄끄러운 일이 있으면 다시 돌아가라고 충청도 사람들이 악담을 한다고 한다.

소위 중앙지라고 하는 신문들도 전라북도에 관한 기사는 미미微微하여 소외되고 있음이 뚜렷하다. 요즈음 큰 신문사들은 지방본부를 두어 여기서 신문을 인쇄하고 배포한다고 하는데 전주에 지방 본부를 두고 있는 중앙지는 없다. 설립자가 전북 사람인 동아일보까지도 광주에 호남·제주 본부가 있어 전북지방 소식은 가뭄에 콩 나듯 드물다. 몇 년 전 토지주택공사(LH공사)를 유치하려는 전북과 경남의 경쟁에서 실패한 것도 전북 푸대접의 일례일 것이다. 이제는 개발되지 않고 자연이 보존된 곳이 관광지가 되는 날이 올 것이란 기대나 할 정도가 되었다.

전북이 아니라면 우리나라 가사문학의 효시嚆矢인 상춘곡賞春曲을 지은 조선 초 세조 때의 불우헌不憂軒 정극인丁克仁을 배향配享하고, 통일 신라 시대 태산군 태인 태수太守 최치원을 제사 지내는 칠보의 무성서원이 옛날 그대로이지는 않을 것이다.

3

지금 세계는 민족주의nationalism의 불길이 번지고 있다. 남태평양의 피지 같은 작은 섬들, 지중해의 프랑스령 코르시카 섬, 북서부 부르타뉴 지방도 분리 독립을 요구하고 있다.

벨기에, 스위스, 독일, 이탈리아, 오스트리아, 스페인, 유고에서도 일일이 예를 들 수 없을 정도이고, 캐나다의 퀘벡주도 분열의 열기가 계속되고 있다. 서부 호주, 남 뉴질랜드에서도 분리 문제는 골치 아파지고 있다. 미국의 유전지대인 텍사스 등 몇몇 주에서도 분리의 목소리가 높아가고 있어 제2의 남북전쟁이라고 표현하는 언론인도 있다고 한다.

1965년에 싱가포르가 말레이시아에서 주권국가로 독립하였고, 파키스탄에서 방글라데시가 1971년에 독립국이 되고, 홍콩이 독립하겠다고 데모가 일고 있고, 영국의 스코틀랜드가 독립하려고 2015년 국민투표를 했으나 가결되지는 않았지만, 전라도에서는 독립하려는 시도가 일어나지 않는다고 장담壯談할 수 있을까? 걱정된다.

중앙정부가 지역의 요구를 외면하고 배려가 없고, 지역차별을 한다면 불만이 쌓이면서 정부에 대한 적의敵意는 점점 높아지게 될 것이다.

— 2015. 4 .21.

유행 이야기

나는 유행을 좇아 살지 못해 구석기시대 사람, 구닥다리라는 객쩍은 농담을 듣기도 했다. 그렇기 때문인지 모르겠으나, 나는 이해할 수가 없는 것이 요즈음 유행의 경향이다. 이 따위 유행이란 것이 어떤 때는 바지통(바짓가랑이의 너비), 바지길이(만보, 판타롱, 미니, 초미니), 머리 길이(장발)에 심지어 배꼽 보이기, 허벅지 드러내 보이기까지 헤아릴 수 없이 많다. 이런 것을 따라하는 것을 자랑으로 여기는 사람들이 있는 것 같다. 그런 것을 못마땅히 여기고 눈살을 찌푸리면, 저마다의 개성을 연출하는 것이라고 변명하고 항의를 한다.

사람은 각자 모습이 다르고 취향趣向이 다르니 개성도 다른 것이다. 각자 다르니 연출되는 차림도 달라야 한다.

유행은 사회에 널리 퍼져있는 보편적 추세이므로 개인적 개성 연출하는 것은 유행이 될 수 없는 것이 아닌가? 유행을 따르지 않는 것을 시대에 뒤떨어진 것이라고 함은 잘못된 것이다.

유행이 일시적일 때도 있지만, 관습의 테두리를 벗어나는 경우가 있다. 통제統制와 제재制裁가 좀 이루어 졌으면 하고 생각하는 것은 무리일까? 지난날 장발長髮단속도 무리이었을까?

옛날에는 여자들이 모습을 감추기 위하여 내외內外이란 것이 있어 너울을 쓰고 다녔다고 한다. 우리 어렸을 때에도 평상복平常服이 되도록 길고 풍성하여 몸매가 드러나지 않도록 했다.

옛날 민담民譚이겠으나, 이런 웃기는 이야기가 전해 온다.

한 여인이 앞에 가고 있는데 치마폭 사이로 종아리가 드러나 보이는지라, 뒤에 가는 사내가 놀려대며 하는 말,

"여보쇼, 아줌마, 뒷문 열렸소. 하하하" 하였다.

앞에 가던 여인은,

"이키, 뒷집 개 아니었으면 도둑맞을 뻔 했네." 하면서 치마폭을 감싸 쥐었다는 이야기다.

속곳 보인다고만 해도 부끄러워하던 시대는 지났고, 속옷을 일부러 보이도록 내놓고 다니면서 깨끗이 빨래했노라고 자랑하는 모양새를 보이려는 것인가?

이렇게 감추려고 하던 전 시대의 여인들이였는데, 요즈음 유행에서는 되도록 드러내 보이려고 하니 격세감을 느끼는 것도 옛이야기다. 그런대로 요즈음은 좀 나아져 배꼽티는 사라진 것 같다. 앞가슴이 깊게 드러나게 되는 티셔츠는 언제 사라질지?

남들이 훔쳐볼까 조마조마하지는 않을까? 남이 보아주기를 기대하며 그런 옷을 사 입고 다닐까?

사내들이 여자 모습을 하는 것은 또 무슨 짓인지?

단정한 옷차림은 옷이 제자리를 찾아, 있을 곳에 알맞게 있을 때 멋과 아름다움을 나타내게 될 것이다.

남들과 같아지려는 마음에서 유행을 따를 것이다. 유행을 따르려 하지 말고 남들과 다르더라도 자기만의 개성을 연출하는 옷차림이면 좋을 것이다.

— 2015. 5. 13.

전생에 대한 이야기

1

내가 어릴 때 어느 책에서 전생에 대한 이야기를 읽은 적이 있다. 미국에서 한 최면술사가 19세 아가씨에게 최면을 걸어 과거를 떠올리게 하였다고 한다. 5년, 10년 전 기억을 떠올리게 하다가 태어나기도 전 100년 전으로 돌아가서 누구인지 물어보니 자기는 아일랜드 어디에서 살던 누구였다고 말하더란 것이다.

기자가 사실을 확인하기 위해 아일랜드에 가서 행적을 조사했더니 실제 실존했었던 인물이었더란 것이다. 이 사실을 보도하여 센세이션이 일어난 일이 있었다고 한다.

불교佛敎에서는 윤회輪廻라고 하여 생명이 있는 것은 죽어도 다시 태어나 삶이 반복된다고 믿고 있다.

성철스님의 법어집 『영원한 자유의 길』에는 윤회에 대한 이야기가 처음부터 나온다.

스리랑카에서의 일어난 일이었다. 태어난 지 37개월 된 아이가 전생前生 이야기를 자꾸 했다고 한다. 그래서 부모가 이 아기를 전생에 살았다는 곳으로 데리고 갔다. 많은 사람 중에 그 아기의 전생 부모 형제를 섞어 두고 아기에게 전생의 부모 형제를 찾도록 하였더니 '이 분은 아버지, 이 분은 어머니, 이 분은 누나, 이 사람은 형' 하면서 가족 한 사람 한 사람 찾아내 전생기억이 사실이고 윤회가 증명되었다고 한다.

또 세 살 되는 어느 아이는 전생 이야기를 하는데 자기가 다이빙 선수였다고 자랑을 하기에 다이빙대에 올려놓았더니 무서워하지 않고 서슴없이 다이빙을 하더란 것이다.

태어나서부터 배우지도 않은 글자를 읽을 수 있다던가, 어려운 내용의 글을 읽고 이해하는 경우가 생이지지生而知之요 전생기억이라는 것이다. 논어에서 공자도 생이지지를 生而知之者 上也라고 했다고 나온다. 처음 가보는 곳도 낯이 설지 않고, 처음 만나는 사람이 친근감이 가는 경우가 전생의 기억이 희미하지만 되살아나기 때문이란 것이다. 대부분의 사람은 전생기억이 전혀 없지만 희미한 경우도 있고 분명한 사람도 이따금 있다고 한다. 나도 어릴 때 무슨 일을 보면 저것은 언젠가 보았던 일인데 하면서 고개를 갸웃거렸던 기억이 있다. 아마 전생에서 겪은 일일지 모르겠다.

2

윤회는 산스크리트어 삼사라samsara를 번역한 말이다. BC 600년경 인도 '우파니샤드'의 문헌에서 비롯되어 대중에게 전파되었다고 한다.

불교에서는 윤회하는 세계에 지옥, 아귀餓鬼, 축생畜生, 아수라阿修羅, 인간, 천상天上의 6도六道 : 六趣가 있다고 한다. 6도 중 어느 세계에 태어나느냐 하는 것은 우리들 자신의 행위와 그 행위의 결과와의 총체인 업業에 따라 결정되는 것이라 하며, 고대古代 그리스 사상가 중에도 이 윤회전생輪廻轉生을 말한 이가 상당수 있었다고 한다.

니체의 영겁회귀永劫回歸사상도 그 영향을 받은 것이라고 한다. 독일의 철학자 F.W.니체가 그의 저서 『차라투스트라는 이렇게 말하였다』에서 영원한 시간은 원형圓形을 이루고, 그 원형 안에서 일체의 사물이 그대로 무한히 되풀이 된다고 하였다.

미국 버지니아대학의 이안 스티븐슨Ian Stevenson 교수는 전생기억이 분명하여 증거가 될 만한 것을 조사 연구하는 단체를 만들고 세계 도처에 연락 기구를 조직하여 전생기억을 가진 사람을 조사하고 연락하도록 하고 조사원을 보내 확인하였다. 이렇게 600여 명의 자료를 수집하였고, 그중 20가지 사례를 골라 책으로 만들었다. 『윤회를 암시하는 20가지 사례(20 Cases Suggestive of Reincamation)』라는 책이다.

그 후 1975년까지 1300명의 자료를 수집하였다고 한다.

3

차시환생借屍還生이라고 전생기억과는 다른 경우가 있다고 한다. 1916년 2월 26일자 중국 신주일보에 보도된 사실인데, 사람이 죽어서 다시 태어나는 것이 아니고 내 몸은 죽었고 남의 시체에 의지하여, 즉 몸을 바꾸어서 다시 살아난 것이다.

살아났으나 식구들을 알아보지 못하며 말을 알아듣지도 못하더란 것이다. 며칠 후 기운을 차린 이 무식하던 사람은 붓과 종이를 보더니 글을 써서 자기소개를 하는데 자기는 월남 사람 유건중劉建中인데 병이 들어 치료하려고 땀을 내기 위하여 이불을 덮고 잠이 들었는데 깨어보니 여기에 이렇게 와 있다는 내용이었다고 한다. 월남 사람인 자기는 죽고, 혼魂이 중국 산동으로 온 것이다. 영혼이 바뀐 것이다. 남의 육체를 빌려 다시 태어난 것이다. 월남에 사람을 보내어 확인하였고 유건중의 혼이 최천선이라는 사람의 몸을 빌려 환생한 것이 증명되었다. 이런 일은 희귀하기에 중국정부에서는 여생 동안 연금을 주었고 세계적으로 유명한 사건이 되었다고 한다.

내가 어렸을 때 여름철에 어머니와 같이 마루에 있다가 이웃집 처마에 혼불이 흘러가는 것이 보인다고 하시는데 나는 볼 수가 없었다. 이웃집 할아버지가 돌아가실 것 같다고 하시면서 아무에게도 그런 말 하지 말라고 하셨는데 과연 다음 날 그 집에서 초상初喪이 났던 기억이 난다. 왜 나에게는 혼불이 보이지 않았으며, 요즈음에는 혼불이 나가는 현상을 보았다는 이야기가 없을까?

4

심리학에서 전생을 조사하는 방법으로 최면술을 이용한다고 한다. 연령역행年齡逆行, age regression이라고 하여 최면상태에서 과거로 돌아가 옛날을 돌이켜 보는 것이다.

의학에서도 환자의 병을 진단할 때 원인을 알 수 없으면 연령역행을 시켜 10년, 20년 전의 원인을 찾을 수 있다고 한다. 간첩이 잡혔을 때, 자기는 모르는 일이라고 하면 최면을 통해 연령역행을 해보면 사실을 말하게 되고 이것을 녹음하여 들려주면 꼼짝 못하게 된다고 한다.

전생회귀前生回歸는 처음 시작할 때의 이야기와 같이 연령역행을 하다가 태어나기 전 즉 전생으로 돌아가 보는 것이다. 한 생에서 이생, 삼생三生…을 돌아 볼 수 있다는 것이다.

심리학에서는 인간의 정신상태를 세가지 단계로 나눈다.

지금의 이 상태가 의식상태이면, 이 의식상태 안에 잠재상태가 있고, 잠재의식 속에 무의식 상태가 있다. 무의식 상태는 의식이 완전히 끊어진 상태이다.

프로이드Sigmund Freud는 잠재의식은 연구하여 발표하였지만, 무의식 상태는 밝히지 못하였다. 이 무의식 상태의 연구에 공이 큰 사람이 영국의 캐넌Alexander Cannon박사이다. 그는 원래 정신과 의사이었고 귀족 작위까지 받은 대학자이다.

그도 처음에는 과학자의 입장에서 영혼은 없는 것이고, 윤회도 없다고 주장하였다. 그러나 최면을 시켜 무의식 상태에서 전생회귀를 시켜보니 전생이 나타났고, 일일이 추적하여 사실임을 증명하였다. 이렇게 1382명에 대한 전생자료를 모아 1952년 『인간의 잠재력(the Power Within)』이라는 책으로 출판하였다. 이 책에 의하면, 병이 들어 치료가 되지 않는데 최면 중 전생회귀를 통해서 조사를 해보면 병이 전생에서 넘어온 것으로, 그 전생의 발병 원인에 의거한 치료를 통해 병을 낫게 했다고 한다.

한 사례를 보면, 어떤 한 사람이 높은 곳을 무서워 오르지 못하여 전생을 보니 그는 전생에 중국의 장군이었는데 낭떠러지에서 떨어져 죽었더란 것이다.

그러면 어떤 원칙이 있어 윤회는 이루어지는가? 캐넌의 주장에 의하면 불교에서 이야기하는 인과법칙因果法則이 적용되더란 것이다. 선인선과善因善果요, 악인악과惡因惡果이다. 좋은 원인에는 좋은 결과가 생기고, 나쁜 원인에는 좋지 못한 결과가 생기는 것이다. 콩 심은 데 콩 나고, 팥 심은 데 팥이 난다는 것이다.

불교 경전經典인 법화경法華經에

欲知前生事　전생의 일을 알고자 하는가?
今生受者是　이번 생에서 받은 것이 그것이다.
欲知來生事　다음 생의 일을 알고 싶은가?
今生作者是　이 생애에서 하는 그것이다.

다음 생을 알고자 하면, 지금 생에서 어떤 삶을 살고 있는지 살펴보면 알 수 있을 것이란 것이다. 그런데 나도 마찬가지겠지만 자신의 지금 삶을 제대로 성찰하지 못하면서 사는 사람이 많은 것 같다.

인과문제와 윤회에 관한 유명한 저술로는 에드가 케이시Edgar Cayce의 『초능력의 비밀』과 『윤회의 비밀』이 있는데, 공산국가를 제외한 거의 모든 국가에 번역되어 있다고 한다.

— 2004. 6.

삼원색의 계절

가을은 삼원색의 계절이다. 색깔의 삼원색은 빨강, 노랑, 파랑이다. 가을이라 하여 온통 세 가지 색깔로만 이루어진 것은 아니지만 가장 선명하고 뚜렷한 색깔이 삼원색이다. 파랑은 가을 하늘의 색깔이고, 노랑은 평야 들판의 벼가 익어 나타나는 색깔이고, 빨강은 단풍 들어 나타나는 색이다.

가을 단풍이 든 산야山野는 붉은색이다. 가을은 단풍나무, 붉나무 등이 단풍이 들어 붉은색으로 물든다. 붉은색은 정열을 뜻하고 돋보이고 화려하고 아름답다. 내가 속으로만 선망하는 색이 붉은색이다. 좋아하는 것과 싫어하는 것 별로 없는 미지근한 성격이지만 말이 없다고 마음속에서 조차 좋고 싫음이 없겠는가? 꽃도 흰색과 붉은색에 눈이 더 가고 꽃 화분을 고르면 희고 붉은 것으로 취한다.

자연현상의 오묘함은 신비이다. 그 푸른 녹색의 산야山野가 가을에 접어들면서 색깔이 변하고 천고天高 청량淸凉하면서 권태를 씻어주고 있으니 말이다. 인간도 푸른 마음으로 살 때가 있어야 하지만, 붉게 정열적일 때도 있어야 한다는 가르침을 주는 것이리라.

파란색을 하늘색이라고도 한다. 우리 파랑 하늘이 깊고도 멀고 맑고 깨끗하여 그렇게 이름 지어졌을 것이다. 특히 우리나라 가을 하늘은 어떤 나라보다 맑고 깨끗하여 우리나라를 방문하는 외국인에게 깊은 인상을 준다고 한다.

푸른 하늘 은하수, 하얀 쪽배에…… 좀 어색한 가사이다. 은하수가 보이는 밤하늘은 파란색이 아니다. 빛이 적은 밤이기 때문이다. 지구를 떠나서 우주공간에서 보는 하늘도 파랑이 아니다. 그래서 천지현황天地玄黃이라 한 것일까?

어디에서도 우리 하늘만큼 깨끗하고 파랗지 않다고 한다. 우리나라 기상氣象이 다른 어떤 나라보다 좋아서 하늘 색깔도 아름다운 것이다. 하늘이 마련해준 환경이다.

극히 깨끗한 파란 하늘 아래, 깨끗한 배달의 백의민족이 깨끗한 마음으로 깨끗한 우리 땅에서 살아갈 날이 곧 오지 않겠는가? 고난의 세월은 얼마 남지 않았을 것이다.

가을 들판은 노란색의 잔치이다. 드넓은 논의 벼가 누렇게 익어 황금물결을 이룬다. 추수의 즐거움을 기대하게 하는 색깔이다. 지금이야 농사도 기계화되고 농약 좋고 거름 좋아 별로 힘들이지 않고 생산량도 많은 항상 풍년을 구가謳歌한다.

전에는 논 갈고, 모심기 하고, 김매기, 벼 베기, 등짐하기, 벼 홀태질하기 등 할 일 많고, 고단한 농사일이 봄부터 늦가을까지 오죽 누고 무엇 볼 새 없이 바쁘게 일해야 했다. 이웃과 품앗이도 하면서 일을 꾸려가야 했다.

일하며 부르는 농요가 많이 있지만 하나를 적어 보겠다.

> '두야, 두야 허~어 두야, 들어간다, 들어간다.
> 삼사십이 열두 포기 걸어 잡고, 들어간다, 들어간다.
> 어기야 두야, 어기야 두야.' (벼 베기 소리)

별 의미는 없으나 농요를 흥겨운 가락을 넣어 부르기도 하면서 고단함을 잊어보려 했으리라.

두레는 농사일을 협업協業하기 위한 동네 조직이지만, 칠석날(음력 7월 7일)이나 백중날(음력 7월 보름)에는 농사일을 잠깐 쉬면서 동네 사람들이 동네 모정에 모여 2, 3일간을 술과 음식을 장만하여 먹으며 풍악을 울리며 놀기도 했다. 지금도 이런 두레가 이어지고 있는 마을이 있다고 한다. 외지에 나가 있는 자식들이 보내주는 기부금과 국가에서 나오는 경로비와 추렴한 돈으로 준비한 음식과 막걸리를 먹으며 마을회관에서 즐거운 한 때를 보내게 된다. 요즈음에는 관광 여행을 다녀오기도 한다.

시골마을에 가면 사람들이 거의 노인들이고 젊은 사람은 드물다. 농촌 소득이 적기 때문에 소득을 찾아 떠난 것이고, 앞으로 농촌문제는 풀어야 할 중대한 과제이다. 방법은 3차산업 다음의 4차산업으로 비약해야 한다고 한다.

4차산업은 1차산업인 농업과 2차산업인 농산물 가공업(발효, 치즈,

버터가공 등)과 3차산업인 서비스, 관광객 유치, 유통업까지 어우러지는 종합산업을 뜻한다. 학교가 있는 농촌마을에 4차산업단지가 이루어지면 금상첨화가 되리라. 이런 시도가 일본에서는 본 궤도에 이르렀다는 이야기를 들었다.

4차산업정책은 가을추수 결과가 원료이기 때문에 '노란정책yellow policy' 이라고 명명命名하고 싶다. 우리도 이런 정책을 적극 편다면 우리 농촌에 지화자 소리가 넘쳐흐르리라.

나는 가을의 삼원색을 생각하면서 이 글은 좀 낭만적이면서, 목가적으로 나타내고 싶었다. 그러나 써나가다 보니 글이 내 정서에 맞지 않고 어설프고 취향에 맞지 않아 이렇게 전개되고 말았다. 수필은 아무나 쓸 수 있는 것이 아닌가 보다.

— 2013. 10.

보건 유감

나는 학창 시절 수업에 체육 시간이 돌아오는 것이 싫었다. 햇빛이 내려 쬐이는 운동장에 나가기도 싫고, 땀을 뻘뻘 흘리며 운동하기도 마음에 내키지 않았다. 대개 체육 시간은 준비체조를 마치면 짝을 지어 공을 차거나, 농구를 하기 일쑤였다. 뜀틀 운동을 하는 경우도 있었고, 터치볼을 했던 기억도 있으나, 그늘에 눌러 앉아 급우들 운동하는 것을 구경하는 것이 좋았다. 어느 서양 나라들은 학교 교육과정curriculum에 체육 시간이 없고, 사회체육으로 대체한다는 말을 듣고 부러워하기도 했다. 그래서인지 지금도 운동하기 싫어 나태한 습성을 고치지 못하고 있고, 억지로 흥미도 없이 하루 1시간 정도 운동기구를 이용하거나 걷기를 하여 50분 정도 운동하고 있다. 운동여건은 좋아져 곳곳에 운동 시설을 설치해 놓았고 운동하는 사람도 많아졌으나 선진국에 비하면 그 수가 많다고 할 수는 없다고 한다.

어렵던 시절 어른들은 농사일이나 노동일 때문에 운동은 고사하고 과로로 몸이 성치 못하고 잠을 자면서도 끙끙 앓으며 신경통으로 진통제를 상복常服하며 살고 있는 사람이 많다. 그래서인지 자세가 좋지 못한 사람, 허리가 아픈 사람이 우리나라에는 유독惟獨 많으니 안타까운 일이다. 추간판 헤르니아diskhernia, 약해서 디스크라고 하면 무서운 병이란 것을 노인들까지도 모르는 사람이 없을 정도다. 이 병으로 고생하고 있는 사람이 너무 많다. 우리 국민 75%가 요통 경험을 하고 있다고 한다. 치료보다 예방이 절실하며 불가능한 일도 아니다. 직립直立하는 인간이므로 척추가 약할 수밖에 없다고 치부置簿만 할 일이 아니다.

각설却說하고 학교 체육 커리큘럼의 철저한 이행이 필요함을 역설力說하고 싶다. 체육 이론은 물론이고 주요 운동경기 규칙, 운동실기까지 할 것이 하도 많아 실천이 어려워 대충 체육시간을 흘려보냈을 성싶다. 체육 교과서만 해도 분량이 적지 않은데 그 많은 종목의 경기규칙과 체육실기까지 하기는 만만치 않을 것이다. 축구, 농구, 배구 등의 경기룰은 TV 중계를 즐겨보기에 다 알게 되기 때문에 따로 배울 필요가 없어도 되리라.

한때 초등학교는 가을 운동회가 있었고 그 준비를 위하여 매년 9월 한 달은 운동을 했고, 중 · 고등학교에서는 체력장 검사를 실시하여 입시성적에 반영하기도 했으나, 부작용이 많아 폐지되고 지금은 옛날이야기로 회자膾炙되고 있을 뿐이다.

이런 운동과 체육 활동에서 선행해야 할 것은 허리 건강훈련과 습관화가 절실하다는 소신所信이다.

바닥에 있는 물건을 들어 올릴 때는 허리를 굽히지 않고 꼿꼿이 세워서 들고 일어서야 되고 내 힘에 부치다 싶으면 포기해야 한다. 끔벅하면 허리에 무리가 간 것이고 이럴 때 척추뼈마디 사이의 추간판이 빠져나오게 되면 척수가 눌려 허리, 다리가 아픈 것이 추간판 탈출증이다.

요즈음 학생들은 글씨를 쓸 때 펜 잡는 방법도 구구각각區區各各이고 이상한 것으로 보아 운필법運筆法의 지도가 전혀 없었음을 알 수 있다. 일생동안 그렇게 글씨를 쓰게 될 것이다. 붓글씨의 초보 훈련이 지루하여 대충했던 기억이 나나 필요했음을 느끼게 한다.

방바닥에 또는 의자에 앉는 자세도 지도받고 연습을 해서 습관화가 되어야 한다. 눈동자는 어디를 보고, 머리는 어떻게 두고, 가슴은, 허리는 어떻게 펴야 하는지 배우고 실천을 계속해야 한다. 요가는 심신단련의 좋은 수련법修練法일 것이다. 세 살 버릇 여든 간다는 속담대로 어릴 때부터 바르게 연습하여 일생 동안 체질화되어 있어야 한다.

프랑스 17세기 천재 철학자 파스칼은 진공에 관한 문제, 유체 정역학에 관한 논문 등을 남겼고, 파스칼의 원리는 교과서에도 나와 있어 제목만은 기억이 남는다. 건강하지 못하여 그리스도교의 변증론을 집필하기 위하여 메모해 오던 초고草稿 『팡세Pensees』만 남기고 39세에 죽고 말았다.

우리나라 18세기 조선 정조, 순조 때의 세기적인 천재 정약용은 건강하여 당쟁의 시련 속에서도 74년을 살면서 탁월한 실적을 올렸다. 축성법築城法에 의한 성제城制와 기중가설起重架說을 창안하여 수원성水原城을 수축하도록 하였다. 강진에 18년 동안 유배 중에 정치·역사·과학·경제 등 다방면에 걸친 학문에 몰두하여 『목민심서牧民心書』, 『경세

유표』 등 수많은 저술을 남기고, 정치기구의 전면적 개혁과 지방행정의 쇄신, 농민의 토지균점과 노동력에 의거한 수확의 공평한 분배, 노비제의 폐기 등을 주장하였다.

공부 잘하고, 창의적이고, 건강하고, 심미안審美眼도 갖추고, 사회성도 좋은 전인적全人的인 사람이 되기는 어려운 것일까? 욕심일까?

그러나 모르는 게 없고 모든 것을 갖춘 사람이 있다고 할 때 그 주위 사람들의 시선은 어떨까? 그런 사람은 외경畏敬의 대상이나 두렵기도 한 사람일 것이다. 완벽함이란 동경의 대상일 수 있으나 결코 완벽함을 이루기 위해 애면글면 노심초사勞心焦思할 일은 아니리라.

인생은 어려운 여정이다. 운동 이야기를 하다가 별 생각을 다했다.

— 2015. 5. 2.

가정의 달에 생각한다

1

금년 어버이 날(5월 8일), KBS TV에서 가수들이 각자 어머니와 함께 짝지어 노래하는 모습을 보고 흐뭇하고 좋았다. 가족이 같이 함께 박자에 맞추어 노래를 부르는 것도 화목한 가정을 이루는 방법이 될 수 있구나하는 마음이 들었고 재미있었다. 서로 상대를 배려하고 박자 맞추기 위하여 연습을 얼마나 했을 것이며, 서로 마주보며 얼마나 웃었을까? 선천적으로 노래를 잘하는 사람이기에 재미있게 연습을 했을 수도 있었겠으나, 만일 한 사람이라도 노래를 잘하지 못했다면 더 재미있는 연습을 했을 것이다. 박자와 음정 모두 척척 맞아 노래를 불렀으면 좋으나 그러지 못할 경우 고쳐가며 되풀이하면서 서로 격려하고 쉬기도 하면서 차도 한잔 마셔가며 정담도 나누었을 것이다. 장단이 안 맞으면 어떠랴, 잘못하면 또 어떤가? 그래도 좋고, 저래도 좋다. 이렇게 가족단위의 노래자랑 행사가 있고 가족 사이에 응원이 이루어지면 흥이 나고 좋을 것이다.

'마누라. 왜 불러요. 뒤뜰에 뛰어 놀던 송아지 한 마리 보았소? 보았죠. 어쨌소? 친정집 오라비 장가갈 밑천에 보탰죠. 잘했군, 잘했어, 그러게 내 마누라지.' 이런 노래는 얼마나 재미가 있는가?

노래하면서, 가족 간에는 웬만한 건 따지지 않는 게 좋겠구나고 생각했을 성 싶다. '송아지 한 마리가 얼마인데. 왜 말도 없이, 상의도 없이 팔았어?' 하면 시끄러워 진다. 우리는 미리 둘이서 상의가 꼭 이루어져야겠고, 가족 간의 대화는 필요하다고 마음다짐도 했을 법하다.

2

우리 삶이란 것은 만만치 않은 일이다. 가정의 화평도 쉬운 일이 아니다.

가족의 건강 문제가 중요하다. 그런대로 병원 많고, 약 좋고 의료보험 제도가 있어 건강 유지에 큰 걱정을 하지 않는 세상이 되었다. 내가 어릴 때에는, 선진국은 웃는 얼굴로 병원에 간다는데, 우리나라는 울면서 병원에 간다고 했었다. 죽을 지경에 이르러서야 병원에 간다고 한탄했던 것이다. 그런대로 병에 대한 우려는 많이 줄었다. 오래 살까봐 걱정하는 사람이 있을 정도이다. 고치지 못할 병도 있는데 어쩔 것인가? 언젠가는 죽는 인생인데.

3

또 다른 문제점은 젊은 맞벌이 가정에서 일어나는 일이다. 가사를 둘이서 분담하여 만족할 정도는 아닐지라도 그런대로 꾸려가고 있으리라고 생각된다. 그러나 아기가 있는 경우, 아이를 키우기가 어려운 경우가 많을 것이다. 믿음직한 보모를 구하기 어렵고, 할머니가 키워주면 좋을 것 같으나 선뜻 키워주겠다고 나서지 않는다. 지금까지 고생했으니 이제 편이 좀 살아야 하겠다는 것이다. 보육 시설도 안심이 되지 않는 경우가 많다. 이런 문제해결이 어려우면 부부의 직장생활은 안정되지 못하고 업무에 최선을 다할 수 없다. 이런 난제로 출산을 기피하고, 자연히 산아제한을 하게 되는 경우가 있다. 산아제한 보다 출산장려가 훨씬 어렵게 된 것이다. 하나만 낳아도 삼천리강산은 초만원이라면서 산아제한을 하던 일이 오래되지 않은 얼마 전의 일이다. 자녀의 양육비도 만만치 않지만 학원비나 과외비 등 학자금도 만만찮게 들어가게 된다.

자식이 학업을 마쳐도 취직의 문을 뚫기가 쉬운 일이 아니다. 통계청 발표에 의하면 2015년 청년 구직 단념 자가 50만 명이라고 한다. 1년 전 보다 25만 5천명 늘었다고 한다. 취직 못해 빈둥대는 젊은 사람이 있는 가정은 속들이 터진다. 가장 곤혹스런 일은 일 없이 노는 일이다. 이래서는 행복한 가정이 될 수 없다. 앞으로 취직 해결은 더욱 어려울 것인데 걱정이다. 컴퓨터, 기계, 자동화 시설이 그렇게 만들었다.

4

남편이 직장생활에 지쳐 돌아와도 가정에서 편히 쉬지 못해 문제가 되기도 한다. 아이와 놀아 주어야하는 경우도 있고 외출을 같이 하거나, 쇼핑을 같이 해야 하는 등 가사를 돌봐야 하는 경우다. 평소에 직장에 충실했으니, 주말에는 가정을 위해 노력해 달라는 주문은 고역이 될 수 있다. 이런 고단함 속에서도 아이들의 학업에 관심을 기울여야 되고, 올바른 생각과 가치관을 가지도록 가르치는 것도 중요한 가정의 기능이다. 학교와 학원에 맡길 수 없는 부문部門이 있는 것이다.

가족은 자신의 정체성과 역할을 돌아 볼 필요가 있다. 주부는 가정 경영의 주체로서 합의된 목적지를 향해 함께 나아갈 수 있게 해야 한다. 소극적 수동적인 역할에서 벗어나 적극적 진취적인 역할을 맡아야 한다. 남편은 가장이란 권위 속에만 머물지 않아야 되고, 남편과 아내 모두 안팎 세상의 변화에 대한 인식과 정보를 공유하며 동지가 되어 의사소통을 해야 한다.

요즈음에는 경제적 위기가 많아 붕괴되는 가정도 많다. 전과 달리 가정의 해체를 심각하게 생각하지 않는 경향이 있으나, 이혼이란 두 사람만의 문제가 아닌, 가족이라고 하는 가장 소중하게 쌓아 올린 탑이 무너지는 절망스런 사건이다. 자식들의 불행이 시작된다. 신중에 신중을 기해야 한다.

5

건강 100세라? 의학이 발달하고 보건위생이 개선되어 평균수명이 길어지면서 노인문제는 심각한 과제가 되었다.

보건복지부 통계발표는 65세 이상 노인인구는 2000년에 3,168천명이었으나, 2015년 국민의 13.1%로 6,624천명이고, 2025년에는 20%에 이를 것이라고 한다. 우리나라도 노인문제 해결에 막대한 예산을 들여 복지시책이 수립되어 시행되고 있으나, OECD국가 중 노인 빈곤율이

49.6%로 1위다. 곳곳에 노인 복지시설을 설치하여 노인들의 필요와 요구에 따라 빈곤과 건강 문제에 가장 큰 관심을 기울이고 있으며 여가 선용과 오락거리까지 제공하는 복지혜택의 시책을 실시하고는 있지만 리어카를 끌고 대로를 다니며 폐지를 수집하는 노인은 허리 굽고 삐죽거리며 차 달리는 것도 겁먹지 않고 다니는 것을 보면 죽음도 두려워하지 않고 못 죽어 사는 듯하다. 그렇게 하면 점심 값이나 벌리는지 모르겠다.

아직 빈곤노인이 노인인구의 절반이고, 노인자살이 늘고 있으며, 노인 인구의 10%는 치매 속에서 해매고 있다. 치매를 앓거나 장애가 있는 노인까지도 병원에서 수용할 정도의 시책을 펼친다고 하고 있으나 노인들이 만족할 만큼 편안하지는 못할 것이다.

어쩌겠는가? 최대한 복지혜택을 받게 해드리면서 부족한 점은 자손들이 해결해드려야 할 일이다. 그리하여 여한이 남지 않도록 해 드려야 한다. 의료보험과 국민연금 혜택을 최대로 누릴 수 있도록 노력해야 한다. 나는 부모를 편히 모시지 못해 여한이 남아있다. 내가 그리 해드리지 못했으니, 나도 그렇게 되겠지 하는 각오를 하고 있다.

6

TV중독, 컴퓨터게임 중독이 되어 매달리고 이것으로 소일하면 가족간에 불만이 쌓이고 균열이 생기기 쉽다. 켜놓은 텔레비전을 끄기가 어렵고, 쉽게 컴퓨터를 끄지 못하면 발전적이지 못한 가정이다.

독서하고 생각하고 대화하고, 노력하는 시간을 늘려가면서 가족들이 건전한 가풍家風 속에서 성장토록 해야 한다. 이런 가풍이 대를 잇게 되면 명문가문으로 가꾸어 진다. 왕대밭에서 왕대王竹 난다.

나는 내가 사랑하는 나의 자식과 며느리에게 아래와 같이 내가 바라는 인간상을 제시해 유인물로 만들어 주었다.

— 2015. 5.20.

내 아들 · 딸의 행복한 앞날을 위한 바람

– 자식 가정교육 잘 시켰다는 평가를 받고 싶은 부모가

1. 가정생활

- 아침에 일어나 어른, 가족을 보면 "편히 주무셨어요?"하고, 잠자리에 들기 전에는 "안녕히 주무셔요" 하고 인사할 것.
- 가까울수록 소중한 사람(부부, 부모, 형제, 친구)이니 말과 행동을 함부로 하지 말자.(대물림됨)
  - 가까울수록 공손하고 예의를 잘 지킬 것.
- 식사 때 어른이 먼저 수저, 젓가락을 들고, 놓도록 함이 원칙.
- 어른이 부르거나, 대면하면 가까이 다가가서 무릎을 꿇고 다소곳이 말씀을 경청하고 "네, 네"라고 할 것. 말대답은 되도록 금지. (바른 말, 옳은 말이 말대답이다.)

2. 사회생활 및 대인관계

- 연상의 상대에게는 항상 자신을 낮추어 "저"라고 자신을 지칭할

것.(年下에게도 可함)

- 처음 뵙는 어른께 인사할 때나, 오랜만에 뵙는 어른에게는 큰 절을 하고 나서 무릎을 꿇고 덕담을 기다림이 우리 전통 예절임.
- 월급쟁이는 40살까지로 생각하여 자립을 준비해 갈 것. (평생직장은 없어짐)
- 다른 사람을 위하고, 내 삶의 질 향상을 위하여 돈을 쓸 줄도 알아야 한다.
- 내 일은 내가 하고, 남의 일은 내가 돕자.
- 상대를 위해 역지사지易地思之하자.
- 자기 자랑을 않는 것이 좋은 자기 PR법이기도 하다. (시간이 걸리나 굳건함).
- 항상 겸손하자.
- 언어 구사는 완곡婉曲하게 하자.

3. 수신修身생활

- 삶은 만만치 않은 것임을 알자
  - 쉽고 편하게 살려 하지 말자.
- 자신에게는 엄격하고, 타인에게는 관대하자.
- 불평하지 말고 짜증내지 않기
  - 버릇되기 쉽고, 버릇되면 일생이 불행
    - 이상향(유토피아, 피안彼岸)과 완전한 인간은 없음을 알자.
    - 작은 것에도 감사하고 만족하자.
    - 행복은 저 멀리 있지 않고 자신의 마음속에 있다.

· 고운 마음씨는 표정, 인상에 나타난다.

– 예쁜 사람은 마음씨도 곱다.

· 욕심을 줄이자

• 수입보다 적게 소비하고 조금 씩이라도 저축할 것

– 언젠가는 부자 된다.

• 남에게 돈 꾸어주거나 보증 서주지 말고, 돈 불리기 위해 빚 주지 말자.

· 돈과 함께 친구를 잃고, 누구의 동정도 못 받고 병신만 된다. (셰익스피어의 말)

· 주려거든 기증하여 적선積善이나 하자.

• 벼락부자를 기대하지 말자

• 세월은 화살과 같이 흐르고 있으니 촌음도 소중히 하자.

• 부족하다 생각되는 사람도 무시하지 말자.

• 결혼 후부터 더 나이 들어 실행하겠다는 다짐은 앞으로도 실행 불가하다는 신호이다.

· 세 살 버릇이 여든 간다.

· 집에서 새는 바가지는 밖에서도 샌다는 속담이 있다.

– (2000. 1. 1)

백락천 이야기

당 나라 중기 때의 유명한 칠언가시七言歌詩의 선구자 백거이白居易(772~846)는 자字가 낙천樂天으로 우리나라에서는 백락천으로 더 많이 불리어지고 있다. 어릴 때부터 시작詩作에 천부적 재능을 보여 주위를 놀라게 하더니 30세 초반에 「장한가」, 44세에 「비파행」 등 장편의 명시를 남겼다. 40세 나이에 어머니를 여의고 이듬해 어린 딸을 잃자 죽음에 대한 생각이 깊어지고, 불교에 관심이 깊어졌다.

유명한 시인이고 높은 관직을 가졌으나, 도림선사를 찾아가 '불교가 무엇인가요?'라고 물어보았다. 도림선사는 법구경에 나오는 게송偈頌인 부처님을 찬미하는 노래를 보여주었다.

諸惡莫作 衆善奉行 自淨其心 是諸佛教
(제악막작 중선봉행 자정기심 시제불교)

나쁜 일 하지 않고, 착한 일을 힘써 행하라

스스로 마음을 깨끗이 하는 것, 모두 불교의 가르침이네.

칠불통계게七佛通誡偈라고 많이 알려진 게송이다. 이 게송을 듣고 백락천은 시시하다는 표정을 지으며 '세 살 어린이도 아는 이야기네요.'라고 했다. 쉽게 알 수 있는 이야기라고 평한 것이다.

도림선사는 '세 살 어린이도 알 수는 있지만, 팔십 살 노인도 실천이 어렵지요'라고 하면서 불교의 지적知的영역에서 실천實踐영역으로 백락천을 끌어들였다.

쉬운 문장이지만 깨달아 실천이 어렵다는 것이요, 문제는 실행에 있다는 것이다. 실천은 생각하지 않고, 알기 쉽지 않다고 잘못 알아 '불교는 어렵다'고 불만을 가졌던 것이다.

그러므로 많은 불교경전들의 마지막은 '믿고 받아 지니고 힘써 행하라信受奉行'는 부처의 당부가 들어있다.

당나라 중기 군벌세력 사이의 다툼과 혼란 속에서 백락천은 좌천이 이어지고 어머니와 딸의 죽음으로 인한 방황 속에서 인생 자체에 대한 혐오를 품고 모든 관직을 내던지고 귀향하여 유유자적한 마음으로 시를 지으며 살았다.

현재까지 전해지는 3,800여 수의 시 중 170여 수는 사회 현상을 풍자 · 고발하거나 백성들의 고통을 사실적으로 묘사하고 있다고 한다.

일관된 문학의 제재題材는 체험적인 것이고, 언어는 일상성日常性을 띠며, 발상은 자연적 심리에 따르고, 구성은 논리의 필연을 지키며, 주제는 보편적이어서 유려流麗 평이平易하게 문학의 폭을 넓혀 그 시대의 시류時流에서도 두드러진 개성을 드러내고 있다. 그의 생존 시에 이미 그의 시는 민중 속에 파고들어, 시구詩句가 아이들이나 마차꾼들의 입에까지 오르내리고, 배나 절의 기둥이나 벽에 써 붙여지기도 하였으며, 멀리 외국까지 전해졌고, 우리나라에도 신라 때부터 전해와 널리 애송되고 있었다고 한다.

시, 술과 거문고를 삼우三友로 하여 목가적 삶을 살고 고향의 향산사香山寺라는 절을 찾아 중수重修도 해주면서 향산거사香山居士라는 호를 쓰면서 불교에 심취하여 살다가 죽었다.

양귀비의 비련을 노래한 840자의 길고 긴 「장한가長恨歌」 일부를 이 글 뒤에 적어 보았다. 당시 사림士林들은 당 현종과 양귀비의 행태를 입줄에 올려 양귀비를 자살하게 한 것과는 달리 백락천은 그들의 애정을 애틋하고 진실한 것으로 표현한 것이 특징적이다. 백락천은 「장한가」에 양귀비 생애의 풍상風霜이 배어 있다고 말했다고 한다. 국가의 비극을 초래한 인물을 경계하라는 풍자의 성격과 애정시의 정서를 동시에 내포하고 있는 것이다.

(전략) 형제자매 모두 땅을 받았으니
아- 광체가 가문을 빛냈네.
마침내 천하의 부모 마음은
아들보다 딸 낳기를 중히 여기게 되었네.
(중략) 칠석날 장생전에서
깊은 밤에 딴 사람 모르게 한 맹서
하늘에서는 비익조가 되기 원하고
땅에서는 연리지 되기 원했네.

하늘 길고 땅 멀어도 끝남이 있겠지만
이내 한은 끝없이 계속되리.

(前略) 姊妹弟兄皆列土 可憐光彩生門戶
遂今天下父母心 不重生男重生女
(中略) 七月七日長生殿 夜半無人私語時
在天願作比翼鳥 在地願爲連理枝
天長地久有時盡 此恨綿綿無絕期

— (김원중 『譯解』, 을유문화사, 2008.에서)

— 2015. 6 4.

TV, 스마트폰 유감有感

1

증산교의 교주敎主 강증산·일순1871-1909은 정좌靜坐하고 명상에 잠겨 있으면 앞일이 훤히 보였다고 한다. 모악산 금산사 미륵전의 미륵불彌勒佛의 환생還生이 자기 강증산이고, 그 미륵불救世主·未來佛을 참배하러 사람衆生들이 구름 같이 몰려올 것이고, 안방에서 윗목에 놓인 조그만 상자를 보고 있으면 세상 돌아가는 현상現狀을 훤하게 알게 될 것이라는 등 예언豫言을 했었다고 한다. 참배하려고 몰려올 것이라는 예언은 금산사 참배객도 있겠으나, 대부분 요즈음 몰려드는 관광객이나 등산객으로 추측되기도 하지만, 그 조그만 상자가 텔레비전1931년 미국에 등장일 것 같아 신통하다고도 느껴진다.

TV의 존재를 예언했다면 그것의 피해도 예언했는지 모르겠다. 어느 것이고 좋은 점이 있으면 좋지 못한 점도 있는 것이지만, 좋지 못한

점은 바꾸어 나가야 할 것인데 그렇게 되지 않을 듯싶다.

지금은 가정마다 TV가 설치되어 있고, 모두가 스마트폰을 소지하고 있다. 스마트폰으로 TV시청은 물론 인터넷까지 할 수 있다. 젊은이들은 온통 스마트폰에 정신을 팔린 듯 얼굴을 스마트폰에 박고 있으며 걸어가면서도 스마트폰에 정신이 팔려 교통사고가 일어나기도 한다. 정보검색을 하거나 게임을 하는 것이다.

요즈음 학교에 다니는 자식이 있는 부모들은 TV와 스마트폰 때문에 자식과 전쟁을 벌이는 지경이다. TV를 켜놓고 시청을 하게 되면 좀처럼 전원 버튼을 누르고 빠져 나오기가 어려울 정도로 그 매력은 대단한 것이다. 그러니 공부를 해야 할 자식이 TV를 보거나 게임을 하지 않는지 애를 태우는 학부모가 많을 것이다.

우리 식구들은 스마트폰에 정신이 팔려 있을 여건이 아니고, 인터넷이나 게임 때문에 걱정하지 않아도 되어 아직은 다행이라고 할 수 있을 것이나 손자가 더 크면 어쩔지 모르겠다.

텔레비전과 스마트폰 때문에 혼란스럽다. 집안에 사람이 있을 때에는 TV가 항상 켜져 있다. 요즈음 스마트폰은 전화하기, 인터넷하기, 사진 찍기, 동영상 만들기, 메시지 받고 보내기, 국어 · 어학 · 백과사전 역할, 계산기, TV시청까지도 가능하여 종합적인 컴퓨터 못지않은 기능을 가지고 있어 편리하게 활용되고 있다. 여기에 빠져있는 사람들은 스마트폰을 열어놓지 않으면 불안할 정도가 되었다.

나는 유혹에 빠져 스마트폰을 구입하여 가지고는 있지만 인터넷에 가입하지 않아 혜택을 누리지 못하여 시류에 뒤떨어진 생활을 하는 듯하나, 크게 불편한 점이 없이 살고 있다. 어떤 사람은 그런 것도 못하는 한심한 사람이란 표정으로 바라보지만 웃어넘기고 있다.

2

제3의 물결the third wave이란 말은 미국의 저널리스트인 A. 토플러의 저서인 『제3의 물결』에서 나온 말로 인류는 농경사회가 형성된 이래 1만 년의 '제1의 물결'을 지나, 18세기 산업혁명에 의한 기술혁신으로 300년 동안 '제2의 물결'을 경험하였으며, 이제는 고도로 발달한 과학기술에 의해 '제3의 물결'이라 불리는 대변혁이 이루어지고 있다고 했다. 사람들은 이 엄청난 변혁의 시대를 정보화시대information age라고 하고, 그 사회를 정보화 사회라고 한다.

정보화 사회는 공업사회에서 벗어나 정보산업을 주체로 하며 다양한 정보의 생산과 전달을 중심으로 전개되는 사회로서, 사회의 정보화는 공업화가 일정한 수준에 도달했거나 공업화가 완료된 사회에서 일어나기 때문에 공업사회의 다음 단계이다. 그런 의미에서 정보화 사회는 미국의 사회학자 D. 리스먼의 표현대로 탈공업사회脫工業社會라고 불리기도 한다.

정보사회는 실시간實時間으로 정보를 개개인이 접할 수 있고 여론에 동참할 수 있게 함으로써 개인을 소외로부터 벗어나게 해 인간의 인간성 회복이 기대되기도 한다.

우리에게 정보를 쉽게 접할 수 있게 하는 수단은 컴퓨터 · 인터넷, 스마트폰, TV, 방송 등으로 그 보급량은 엄청날 것이고, 또한 업그레이드된 신기종이 나날이 상품화되어 나오고 있다. TV만 보아도 채널 수는 또 얼마나 많은가?

학생들이 공부는 학원에서 했으니, 학교에서는 수업시간에 낮잠이나 자거나 스마트폰 가지고 게임을 한다면 우리의 앞날은 요원하다.

우리 국민이 매체媒體를 통해 쏟아져 나오는 엄청나고 유익한 정보는 안중에 없고, 게임에 매료되고, 드라마에 중독되고, 흥밋거리의 기사에 연연戀戀하면 선진문화발전은 기대할 수 없을 것이다. 삶에 여유가 있다 싶은 사람들이 여생을 즐기며 살자는 풍조를 이루고 몰려다니며 유흥을 즐기고, 스포츠에 열중하는 것도 지나치지는 말아야 하리라. 우리나라의 노동시간이 길고, 일에만 매달릴 수도 없는 것이어서, 여가를 즐기기도 해야 하지만, 삶을 환락으로 생각해서는 곤란하다. 환락歡樂에 쌓인 가정은 오래가지 못한다. 환락과 쾌락의 생활이 깊어지면 인간성은 황폐해져 마약범죄, 불법도박, 사기, 향락산업이 횡행하여, 셋방 사는 사람도 고급자가용을 굴리고, 쓰고 마시다 가세가 기울게 된다.

학교 교육도 문제를 안고 있다. 대학 진학을 위한 영어 · 수학 학습에 몰두하다 보니 도덕과 가치관 교육에 소홀해 근검절약하고 양심과 예의를 소홀히 한 결과이다. 충 · 효 · 예의 우리 전통 선비문화를 되살려 나가야 한다.

A. 토플러는 '도덕적으로, 예술적으로, 정치적으로, 혹은 환경적으로 타락한 사회는 제 아무리 풍요롭고 기술적으로 고도의 경지에 와 있다고 하더라도 선진적 사회는 아니라고 하는 생각이다.'라고 했다.

— 2015. 6. 29.

체육 시간

우리나라 중 · 고등학교 학생의 체력 최저 등급4 · 5등급이 45%라는 발표가 있었다. 2000년에서 2009년까지 9년 동안 신장과 몸무게가 3㎝, 2.5kg 증가하였으나, 체력(50m, 100m달리기 등)은 퇴보하여 체육교육에 경종警鐘을 울리고 있다.

교육과정을 보면 체육 시간은 중학생은 주당 3시간, 고등학교는 주당 2시간이거나 입시 준비 때문에 집중이수제가 도입되어 신축적인 운영이 되고 있으나, 적다고는 생각되지 않는다.

나도 학급 담임을 할 때, 체육 시간이 많다고 불평을 하고 체육 시간을 시험 준비를 위한 시간으로 돌리기 위해 체육 선생님에게 양해를 구하고 자습을 시켰던 기억이 남아 반성이 되기도 한다. 그때 우리 농촌의 학생들은 아침 시간, 점심시간, 방과 후 시간에 운동장이 시끌벅적하게 축구 동네대항 시합이 많아 운동이 부족했다고 생각되지 않았다.

그러나 체육대회가 열리면 축구는 저급 학년 학생도 룰과 경기 능력이 어느 정도 있어 경기진행이 원만하게 이루어졌으나, 농구나 배구 종목은 패스도 못하는 학생이 많아 배구는 서브 넣기만 잘하고, 농구는 슛만 잘하는 학급이 이겼었다. 특히 여학생 팀은 중학교나 고등학교나 마찬가지였다. 체육 수업시간에 이런 종목들의 기초 훈련과 룰은 익혀 주어야 될 게 아닌가 하고 체육 선생님들에게 불평을 했었다.

특히 허리 부분에 대한 걱정은 내가 수술 경험이 있고, 그 후유증으로 지금도 고생하고 있기 때문에 절실한 문제로 느끼고 있다. 옛날부터 많은 사람이 허리 디스크로 고생했고 지금도 마찬가지이다. 그 원인은 여러 가지이겠으나 허리가 약하기 때문일 것이다. 유인원에서 진화한 우리 인간은 직립直立함으로 인하여 허리의 척추가 약하다고 한다. 선천적으로 약한 척추가 충격을 받으면 척추 뼈마디의 완충역할을 하는 추간판椎間板,disc이 어긋나 탈출하게 되는데 이런 사람이 허리가 아파 고생한다. 또 어릴 때부터 자세가 좋지 못하여 척추뼈가 앞이나 옆으로 휘어진 사람도 많다. 이런 것은 유치원에서부터 자세 지도를 해야 되고 초·중·고등학교에서까지 자세 지도가 계속 이루어져야 한다고 본다. 북유럽과 일본 등의 선진국에서는 초등학교에서 철저한 자세 지도로 습관화 교육을 한다고 하며, 독일 같은 나라 사람들은 운동이 일상생활화 되어있어 학교에서는 체육 시간이 따로 없다고 한다.

노인이 많이 모이는 복지관에 가서 보면 허리 굽은 노인, 삐죽거리며 걷는 노인, 저는 노인 등 비정상적인 어른들은 젊을 때 정상적인 체육교육을 받지 못했거나, 젊어서부터 무리한 육체노동을 하며 고단한 생활을 했기 때문일 것이다. 그런 분들에게 허리가 아프고, 굽은 이유를 물어보면 늙었으니 당연하다는 대답을 듣게 된다. 요통 환자가 많아 병원 물리치료실이 성황을 이루는 현상은 오래 이어질 것 같다.

이제부터라도 어려서부터 앉아 있는 자세, 일어날 때의 동작, 서 있는 자세, 물건을 들고 일어설 때의 자세와 동작을 학교에서 습관화를 시켜 일생 동안 요통과 신경통 없는 건강한 국민으로 살게 해주었으면 좋겠다.

— 2015. 3. 16.

회초리를 들 때이다

1

작년에 시내버스를 타고 가는 중에 두 아줌마가 마주앉아 승객들은 안중에 없는 듯 큰소리로 선생 놈들이라고 하며 욕하면서 다 바꿔야 한다고 떠들고 있는 걸 아무 간섭도 못하고 듣기만 했다. 듣다못해 운전기사가 조용하라고 운전을 못 하겠다고 하자 눈을 찢어지게 흘기며 입을 다물었다. 듣기 거북하게 떠드는 것을 볼 때, 그 어미의 그 자식일 터에, 자식이 선생에게 매라도 맞은 것일까?

옛날 서당에서는 학동學童이 전날 배운 내용을 암송하는 배송背誦을 못 하면 목침 위에 올라서서 훈장님으로부터 회초리인 달초撻楚를 받았다. 내가 초등학교에 입학 전에 학교에 가 보았는데 선생님의 엄한 말투에 학생들이 긴장하여 앉아 있던 모습에서 학교는 무서운 곳이라는 인상을 받고 입학이 두려웠었다. 그래서 학교에 다니는 선배들에게

학교가 그렇게 무서운 곳이냐고 물어보았고, 순한 선생님들이 더 많다고 하여 안심했던 기억이 있다.

요즈음 학생이 선생님을 무서워하지 않는 것은 고사姑捨하고 교사와 치고받고 싸우는 경우가 있으며, 교권을 잃은 교단은 권위를 상실한 채 우왕좌왕右往左往 갈팡질팡 손을 놓고 있다.

실망과 무력감에 될 대로 되라고 자포자기自暴自棄하거나 퇴직하는 선생님들이 늘고 있다. 심지어 선생님들의 수를 줄이기 위한 교육당국의 방임이 아닌지 의심이 될 정도이다.

학부모들은 학교가 못하면 학원에서 배우면 되겠지 하면서 걱정을 않는 것 같다. 유치원 다니는 내 손주도 학원 8곳을 다니며 분에 넘치는 지출을 하고 있으나 다들 그러니 불안해서 안 보낼 수 없다고 한다.

학교와 선생을 우습게 보는 학생은 절대로 공부 잘하는 경우를 못 보았다. 정말로 절대로다. 학부모가 학생들이 보고 있는 교실까지 쫓아와 선생에게 욕하고 선생을 때리는 환경에서 무슨 교육이 이루어질 수 있겠는가? 학부모가 선생을 우습게 보면 학생도 선생을 우습게 보게 된다. 그러면 그 학생의 공부는 끝장난 것이다.

오래전에 들은 이야기로 누구인지는 잊었지만, 한 법원장이 자식의 담임선생님을 초대하여 정장을 하고서 자식과 나란히 큰절을 올리고 자식과 함께 앉아 식사 대접을 했다는 이야기를 들었다. 이 행사(?)를 위해 옷 입는 법, 걷는 법, 젓가락 쥐는 법, 밥 먹는 법 등을 얼마나 자식에게 많이 연습시켰겠는가? 자식 앞에서는 하다못해 가식이라도 선생님을 극진히 모셔야 선생은 권위를 잃지 않게 되고, 교권이 교육 및 학습을 이루어지게 하는 것이다. 너무 교권, 교권할 일도 아니지만,

가정에서 선생과 학교 이야기를 함부로 할 일이 아니다.

학교에서 교육이 어렵겠다고 느끼고 요즈음에는 경찰에서 나서서 학생 폭력에 관여하고 있으나, 그 효과는 미미하리라고 본다. 오지랖 넓은 교원단체도 그런 일에는 말이 없다.

2

부처님의 말씀을 기록한 『잡아함경阿含經』의 「조마경調馬經」에 이런 대화 내용을 볼 수 있다.

"나는 세 가지 방법으로 제자들을 가르칩니다. 어떤 때는 부드럽게 하고, 어떤 때는 엄격하게 하고, 어떤 때는 엄격하게 하면서도 부드럽게 다루며 가르칩니다."

"세 가지 방법으로도 길들여지지 않으면 어떻게 합니까?"

"나도 그런 사람은 죽이지요."

"부처님은 살생하지 말라 하시면서 길들여지지 않는 제자들을 죽인다고 하십니까?"

"살생은 나쁘지요. 내가 세 가지 방법으로도 아니 되는 사람은 그와 더불어 말하지 않고, 가르치거나 훈계하지 않지요. 이것이 그를 죽이는 것이 아니겠소?"

3

별별 사람이 다 있는 것이지만 학생들도 여러 질質이 있다. 대략 나누어 보면 말을 잘 듣는 학생, 잘 듣다가 말다가 하는 학생, 도대체가 선생 말은 외면해 버리는 학생, 이렇게 세 가지로 나눌 수 있다. 그래서 사람을 대하고 가르치는 것은 정해진 법칙이 없다. 최선을 다해 가르치고, 매로 때리기도 하고, 그래도 안 되면 포기를 해야 한다.

포기는 죽임과 같다는 부처님의 말씀은 포기하지 말라는 뜻인 것 같기도, 할 수 없으면 포기하라는 말씀 같기도 하다. 99마리의 양을 두고 잃어버린 한 마리를 찾아 나서야 한다는 예수님의 말씀도 있다.

양은 찾아 데려오기만 하면 될 것이나, 사람은 가르치기까지 해야 하기 때문에 어렵다.

교육자가 포기하느냐, 직무유기하느냐, 별별스런 이야기가 회자된다 해도 별도리가 없다. 이스라엘에 양을 물가에 끌고 갈 수는 있으나, 싫다는 물을 먹일 수는 없다는 이언俚諺이 있다. 동물도 그런데 사람이야 오죽할까?

어떤 학부모는 자식이 집에 오면 텔레비전이나 보고 공부를 않는다고 담임선생을 원망하는 엉뚱한 사람도 있다. 부모 말 안 듣는 아이는 선생 말도 안 듣는다. 안 되는 사람은 어찌해도 안 된다. 나중에 성인이 되어 달라졌다고 껄껄 웃으며 옛날의 학창시절을 회상하는 사람도 있다. 그런 사람을 하나 보고 학창시절 말썽부리는 사람이 잘 된다고 하는 사람도 있으나 천만千萬의 말씀이다. 가물에 콩 나듯 어쩌다가 그런 사람도 있으니까. 알 수 없는 게 사람의 일이다. 나의 학창 시절에도 어른들의 '요즘 학생 놈들…' 운운하면서 우려하는 소리를 많이 들었다. 기우杞憂이겠지, 크면 철들겠지 하다가도 요즈음의 아이들과 학부모의 행태行態는 염려가 되기도 한다.

줄탁동시啐啄同時라고 했다. 안에서는 병아리가, 밖에서는 어미가 쪼아 주기를 해야 병아리가 나오듯, 부모와 선생 양쪽의 가르침이 같이 할 때 교육은 가능하다.

극히 일부이겠지만 군대에 가서도 적응을 못하고 탈영 또는 큰 사고가 이어지고 있지 않은가?

루소, 헤르바르트가 어떤 말을 했고, 스웨덴과 영국에서는 어찌한다고 늘어놓고 싶지 않다.

우리 나름대로 지침을 마련하고, 선생님들께 맡겨보았으면 싶다.

— 2015. 5. 8.

제5장

인연

어머니·아버지는 누구인가?

세계 제2차 대전 당시 남태평양의 한 섬에 정박碇泊하던 군함에서 있었던 사건이다. 함장은 사고에 대비하여 누구도 절대로 바닷물에 뛰어들지 않도록 명령을 내렸다고 한다.

어느 날 한 미군 흑인 수병이 바다에 뛰어들었다. 바람에 날려 벗어놓은 상의가 물에 떨어져 떠있는 것을 건지려고 뛰어든 것이다. 가까스로 웃옷을 들고서 군함에 올라왔으나 명령을 어겼으니 군법정에 서게 되었다. 여기서 그 수병은 이렇게 진술을 했다고 한다. “저는 홀어머니와 둘이서 가난하게 살았습니다. 지금은 돌아가셨습니다만, 어머니의 하나뿐인 사진이 그 웃옷 주머니에 들어있었는데 그 옷이 바닷물에 떨어졌으니 그 사진 때문에 뛰어들지 않을 수 없었습니다.”라고 하며 흐느끼더라는 것이다. 숙연해진 분위기에서 함장은 그 수병에게 무죄 판결을 내렸다고 한다. 그 수병의 깊은 마음속에 아로새겨진 어머니의 모습은 어느 누구도, 무슨 일로도 지우지 못할 것이고, 그 어머니 모습이 담긴 사진은 무엇과도 바꿀 수 없었을 것이다.

큰 죄를 짓고 10년 형을 살고 있는 오인수(가명)라는 사람이 있었다. 몇 년 전 그는 복역 중에 한자교육추진연합회에서 시행하는 한자평가시험에서 금상을 받고 9년 만에 외출을 허락받았다.

동아일보 김경달 기자가 그와 인터뷰를 했다. 험상궂은 인상이었으나 목소리가 믿음직하고 진지했다고 한다.

"대단한 한자 실력인데 비결은 무엇입니까?"라고 물었다.

그 죄수는 "'아빠, 아빠' 하던 두 살 난 딸과 헤어져 감옥에 왔습니다. 처음에는 절망스러웠습니다만 사랑스런 딸과 아내와 같이 살아야 한다고 결심을 했습니다."

하루는 초등학교 3학년이 된 딸에게서 편지가 왔다고 한다.

"아빠, 정말 정말 보고 싶어요. 부탁이 하나 있어요. 면회 가면 안 되나요?"라는 내용이었다. 외국에 돈 많이 벌러 간 것으로 했던 아빠가 감옥에 있는 것이 탄로난 게 당황스러웠으나, 대견스럽기도 하여 하염없이 눈물을 흘렸다.

그러던 어느 날 한자능력시험이 있는데 이 시험에 합격하면 가족면회가 가능하다는 광고를 보았다. 옳다 됐구나 싶어 결심한 그는 중학교를 졸업한 학력으로 한자공부를 시작했다. 땀 흘리며 목공일을 하면서 틈나는 대로 연필과 볼펜으로 열심히 글씨를 쓰며 공부를 하였다. 때때로 짜증이 나고 지겨웠지만, 그때마다 딸의 사진을 보면서 웃음을 되찾으며, 사랑스런 딸에게 기쁨을 만들어 주고자 일과 한자 공부를 열심히 했다. 틈틈이 공부한 대입검정시험도 합격을 했고 한자검정시험 3급, 2급도 취득하였다. 한자 능력 시험에서 금상을 받아 가족과 함께 1박 2일, 24시간의 휴가를 얻었다. 세 식구는 꿈같은 24시간을 보냈을 것이다.

기자와의 인터뷰에서 그는

"아홉 달만 견디면 저의 새 인생이 시작됩니다. 공부도 계속하고, 꿋꿋하게 살아온 아내와 착하게 커준 딸을 데리고 정말 열심히 살렵니다."라면서 희망에 부풀어 있더라고 한다.

무엇이 그에게 공부할 수 있는 고집을 심어주고 용기를 주고 성취를 이룰 수 있게 했을까? 그것은 오직 아내와 딸과의 사랑일 것이다.

부모와 자식의 사랑은 이 세상 무엇과도 비교할 수 없는 진하디 진한 것일 것이다.

— 2015. 4. 24.

나의 군대 인연

내가 군에 입대할 때는 1960년대 중반쯤이었으니 우리나라가 여러 가지로 어려움이 많던 시절이었다. 11젓가락 군번軍番으로 훈련소에 입소하여 군복이 낡고 몸에 맞지 않아 윗옷은 크고 바지는 작아 불편했고 군화는 왼쪽과 오른쪽 크기가 달라 바꾸어 달라고 했다가 조인트가 깨지고, 군대에서는 몸을 옷이나 장비에 맞추어 살라고 혼쭐이 났다. 윗몸은 키워야 하고 아랫도리는 줄여야 될 판이다. 오른발 군화는 작아 발이 아프고 왼발 군화는 헐떡거려 걷기가 불편하고 절름발이가 되었다.

막 입대 했을 때는 밥과 찬이 입맛에 맞지 않아 먹지를 못하다가 고된 훈련이 시작되면서 밥이 모자라 배가 몹시 고팠다. 밥 좀 더 달라고 애걸하다 식기로 뺨을 얻어맞는 훈련병이 있는가 하면, 구정물 통 속의 밥을 건져 먹고 식중독에 걸려 입원하는 훈련병도 있었다. 국

말아먹다가 남긴 밥도 서로 먹으려고 뜨내기 판이었다.

개인마다 지급되는 물품들은 자고 나면 없어지는 경우가 많고 점호點呼 때에 확인 점검을 하여 없으면 변상해야 하기 때문에 몸에 지니고 다니거나 큰 것은 감추어 놓고 나가는 병사도 있었다.

훈련병 생활을 마치고 특과병과 학교에 입소해서는 선배생도가 있어 내무반 생활은 더 고달팠고, 해병대 위탁교육을 받으러 온 사병들이 있어 그들과 알력軋轢이 생기고 집단 패싸움이 벌어지기도 했다.

교육 기간을 거치고 최전방 부대의 사단 사령부 작전처에 배속되어 작전병으로 복무하게 되었다. 당시만 해도 내무반이나 참모부 막사는 6·25 전쟁 후 미군이 주둔했던 곳이라 단열재가 없는 홑 철판으로 만들어진 콘센트이기 때문에 여름에는 몹시 더워 의자에 앉아 글씨를 쓰고 있으면 선풍기도 없어 등에 땀이 흘러내리는 것을 느꼈고, 겨울에는 말할 수 없이 추워 견디기 어려웠다. 난로를 쬐이는 앞쪽은 따뜻하나 등은 춥기 때문에 곧 돌아서 뒤를 쪼여야 견딜 수가 있었다. 난로는 연료가 경유이기 때문에 경유 냄새 속에서 근무해야 되고 한겨울 지나고 나면 군화 밑바닥이 부풀어 걸을 때 북덕북덕 소리가 나고 쿠션이 좋았다.

타자병도 있어 공문 작성이 빨랐으나 오자誤字가 많다고 깨끗이 작성하려면 좀 늦더라도 표 병장을 불러서 타자토록 해야 한다고 참모님이 나를 부르기 때문에 일과 후에도 내무반에서 쉬다가 사무실에 나가 타자를 하는 경우가 많았다. 그때는 괴로웠지만 덕택에 지금도 컴퓨터 한글 워드만은 익숙하지는 못하지만 자판을 독수리 타법으로 두드릴 수 있어서 잘됐다고 생각하고 있다.

수시로 군단 작전처에서 전언통신문이 내려오면 받아쓰기도 바쁜데 불러주는 병사는 나보다 계급이 낮은 놈이 하급부대라고 받아쓰기가 늦다고 윽박질러서 다툰 적이 한 두 번이 아니었다. 한번은 전언통신을 통해 받은 회의 날짜를 잘못 받아쓰는 바람에 사단장과 일반참모 중령 장교 다섯 분을 먼 곳까지 헛걸음치도록 하여 책임 추궁은 받지 않았으나 크게 자성自省한 적이 있다. 우리 작전과장은 자기가 확인해 보았어야 했다고 하면서도 높은 사람 골탕 먹여 속 시원하다고 웃어버렸다. 나를 위로해주는 말이었겠지만 지금 생각하면 웃음이 난다. 그 육사 출신 소령 작전과장은 세월이 흘러 준장 때 군사정부에 대항하여 몇몇 장성들과 함께 쿠데타를 시도하다 실패하여 체포되었다는 보도를 읽은 적이 있으나 어찌됐는지 모르겠다. 정말 보고 싶다. 이상하다고 하면 치과에 가라고 하던 6 · 25 참전 용사 경상도 대구 출신 선임하사도 보고 싶다. 지금 살아 있으면 90이 넘었을 것이니 죽었겠지.

나는 행幸인지 불행인지 군軍과의 인연因緣이 길었던 셈이다. 나보다 일이년 연상年上인 교사들은 교보敎補라는 혜택을 받아 1년의 군 생활로 군 복무를 마칠 수 있도록 했고 대학생들도 학보라고 복무 단축의 혜택을 주었는데 내 바로 일 년 앞의 사람들에서 이 제도가 마감됨으로 인하여 2년 6개월을 복무하게 되었던 것이다. 제대 후 얼마 지나지 않아 1968년 1 · 21 청와대 북한 무장공비 기습 이후 납치, 살해, 무장간첩 침투, 여객기 피랍 등 계속되는 북괴北傀만행으로 인하여 1968년 예비군이 창설되면서 예비군 훈련을 받게 되고, 늦게 대학을 다니면서 학생 군사훈련을 받는 등 '병영 국가적 동원'에 동참해야 했다. 북한은 지금까지도 무력武力도발을 계속하고, 핵-미사일 놀음을 이어가면서도 대치 정세의 책임을 남쪽으로 돌리고 있으니 한심하기 그지없다.

이제 50년 가까이 된 일이니 묻어두지 않아도 되지 싶어 고생했던 기억을 생각나는 것만 적어보았다.

군대 생활 같이 했던 동기 한 명은 보고 싶은 마음이 간절하여 주소를 찾아보았으나 찾을 수 없어 아쉽기 그지없다. 그가 군대에 있을 때는 술을 전혀 마시지 못했으나 만나면 억지라도 술을 먹여서 얼싸안고 춤을 춰 보고 싶다. 50년 전에 서울 마포에 살았으나 이사했을 가능성도 있을 듯하여 서울 일대의 전화전호부에서 8명의 동명이인同名異人을 찾아 일일이 전화를 해 보았으나 그 사람은 찾을 수 없었다.

죽었을까? 아직 죽지는 않았겠지? 나도 아직 안 죽었는데. 그 친구를 찾을 수 있는 방법이 없을까?

— 2008. 11. 16.

술과 담배 인연

나는 담배를 많이 피웠으나 지금은 끊었다. 군에 입대하여 지급됐던 담배이니 피우기 시작한 것이다. 그 전부터 담배 연기 뿜어내는 폼이 멋있게도 보이고 어른스레 보였기에 자연스럽게 시작한 것이다. 군대 생활 30개월을 피웠으니 그때부터 중독이 된 셈이다. 대학에 다니면서는 공부한답시고 잠을 쫓는다는 핑계로 많이 피웠다. 돈도 없고, 담뱃값 달라고 할 염치도 없어 좀 오래 피우려고 풍년초(봉초)를 사서 신문지로 말아 피우기도 했다. 어머니로부터 담배를 물고 산다는 핀잔을 들으면서도 기침을 하며 콜록거리면서 피워댔다. 그렇게 피워대다 보니 가래가 생기고, 기침이 심해지고, 목이 따끔거리고 아파서 병원에 갔더니 인후염이라고 하면서 담배를 끊어야 된다고 하였다. 기침약을 먹어야 소용이 없었다. 만성인후염이 된 것이다. 금연을 시도해 보았으나 그때마다 실패하기를 다섯 번이나 했다. 한 번만 피우고 끊겠다고 하면서도 또 피웠다. 한 번은 공개된 곳에서 많은 사람 앞에서 금연을 선언하면 어쩔 수 없이 끊게 된다고 하기에 그렇게 했다가 실없는 사람만 된 일도 있다. 피우고 나면 후회를 하면서도 또 피우게 되니 이놈의 담배가 전생에 나와 무슨 원수였나 하고 원망도 했다.

수업을 해야 하는데 쉰 목소리여서 학생들에게 미안하고, 인후염은 만성이 되어 약을 먹어야 소용이 없었다.

목구멍은 아프고, 목소리는 나오지 않을 정도가 되고, 가끔 목이 메어 말이 막히기도 하니 점점 참을 수가 없었다.

병원에 가보면 암은 아니지만 목구멍이 많이 붓고, 가래가 많다면서 담배를 끊으라고 했다. 누가 몰라서 안 끊나?

평소 근무 시간에는 가끔 열 받는 일이 있으면 또 한 대 피워 물게 되기 때문에 방학 동안에 금연 작전을 펴야 했다.

방학 동안에 일주일 동안 밖에 나가지도 않고 학교에 출근도 않고 음악 감상을 하면서 담배 피우고 싶으면 보리차를 마셔가면서 방안에서 괜히 서성거리며 담배 욕구를 달랬다. 이렇게 일주일을 지내니 자신이 생겼다. 담배 피우고 싶은 욕망이 생기지 않았다. 그 후 담배는 끊게 되었고, 이따금 옆 사람에게 담배를 얻어 피워보면 쓴 맛에 기침도 나오는 것을 보면 금연은 완전히 성공한 것으로 보인다. 그러나 꿈에서는 가끔 피우는데 금연에는 관계없겠지. 그러나 목구멍의 인후염은 낫지를 않고 지금까지도 고생이다. 양약 먹기는 포기를 했고, 신통하다는 단방약을 이것저것 애면글면 차 마시듯 마셔 보았으나 소용이 없으니 이렇게 살다가 죽어야 할 모양이다. 지금도 목소리가 굵직하고 시원스럽게 나오는 분을 보면 정말 부럽다.

내가 술을 마시기 시작한 것도 군대에 가서이다. 군대 가기 전에는 막걸리 한 잔만 먹어도 자리에 누우면 방 벽과 천장이 들랑날랑하고 어지러웠는데 다른 친구들은 술을 고등학교 다닐 때부터 마셨다는 말을 들은 터라 나는 술이 몸에 맞지 않는 모양이라고 생각했었다.

군에서도 제대하는 고참병이 있으면 작별 회식을 하고, 끼리끼리 모여 막걸리나 소주 파티가 자주 있었다. 그때 술맛은 어찌 그리도 쓰고 맛이 없던지 지금 생각해도 이맛살이 찌푸려진다. 그러나 끼리끼리 어울려 술 마실 때 홀로 빠져 있기도 싫고, 주거니 받거니 마시며 떠들면서 노는 것도 큰 재미였다. 과음하는 경우도 있고 음주 횟수도 점점 늘면서 나를 주당으로 쳐주기도 했다.

이렇게 좋지도 못한 술 마시기 능력을 길러 제대하고 복직해서 직장생활을 하면서 술 마실 기회는 더 많아졌다.

한 가지 다행스러운 것은 나는 술에 취해도 술주정은 없다. 어떤 사람은 술만 마시면 말이 많아져 좌중을 휩쓰는가 하면, 다른 사람을 비난하는 사람도 있고, 싸움을 하는 사람 등 술 버릇들이 있고, 다음날 후회를 하면서도 그 술버릇을 고치지 못한다. 평소에는 얌전하다가도 술만 마시면 다투는 사람도 있다. 그런 사람은 군대에서 술을 배운 사람이라고 한다. 그러나 나는 술을 마시면 활기活氣를 찾으면서 기분이 좋아진다. 몇 년 전부터는 조금 과음했다 싶으면 기억을 못하게 되어, 이제는 술을 많이 줄여야겠다고 다짐을 하고 있으나 술을 마시면 이것조차 잊어버리는 경우가 있다. 이따금 끼리끼리 기분이 맞는 사람과 같이 지나치게 마실 때도 있어 인사불성人事不省일 때가 있다. 술을 끊으라는 충고도 듣고 있으나, 담배도 안 피우고 술까지 안 마시면 무은 재미로 살 것인가 하고 망설여진다. 술 때문에 생긴 병도 없는데, 살면 얼마나 산다고 술까지 끊을까?

— 2000. 6.

창조론보다 진화론

1870년에 영국의 캔터베리 대주교와 진화론을 옹호하던 헉슬리 사이에 인간에 대한 창조론과 진화론을 주제로 대 토론이 있었다고 한다.

주교는 젊은 헉슬리에게

"그대는 원숭이의 자손이라는데 부모가 원숭이인가, 조부모가 원숭이인가?"라고 물었다.

이에 헉슬리가

"잘난 척하면서 권위 속에 사는 주교님 보다는, 순박하고 거짓 없는 원숭이가 조상이라면 좋겠습니다."라고 말하자 수많은 관중이 환호와 박수를 보냈다는 이야기가 전해오고 있다.

코페르니쿠스와 갈릴레이가 지동설을 찬동하여 교황청의 문책을 받은 것을 기억하는 다윈은 『종의 기원』에 생물은 진화했다는 글을 한 줄도 넣지 않았으나, 읽는 사람은 생물은 진화했다는 사실을 누구나 믿게 된다고 한다.

사람을 포함하여 생물은 신神의 피조물被造物이 아닐 것이다. 학술적이지는 못하겠지만 나의 단편적인 상식을 동원하여 진화에 관한 나의 믿음을 진술하고 싶다.

진화론자들은 생물의 발생은 진화 과정을 되풀이 한다고 말한다. 곤충의 변태를 보면 곤충의 진화 과정을 알 수 있다. 알에서 애벌레, 번데기를 거쳐 성충이 되는 과정이 진화해 온 과정인 것이다.

양서류인 개구리가 물속에서 알, 올챙이, 개구리로 성장하는 과정은 신기하고 흥미롭다. 올챙이일 때를 보면 물속에서 살면서 물고기와 같이 꼬리와 몸통을 움직여 운동하며, 아가미로 숨을 쉰다. 더 자라면서 꼬리는 점점 흡수되고 작아지면서 다리가 돋아나고, 허파가 생겨 허파로 호흡하면서, 뭍에서도 살 수 있게 된다. 어류나 개구리 같은 양서류들은 물속에서 발생 과정을 밟게 되고 파충류, 조류, 포유류도 마찬가지이다.

포유류는 어미의 뱃속에 잉태하여 태어날 때까지 진화의 과정을 밟는다. 자궁 속의 양수羊水라는 액체 속에서 하나의 세포에 세포분열卵割이 일어나 둘, 네 개의 세포로 증식하고 분화分化하면서, 물고기와 같이 아가미, 꼬리가 있다가 체내로 흡수되기도 하고 개구리의 변태와 비슷한 발생 과정을 거치며 세포에서 조직으로 발달하고, 조직들이 모여 기관, 이런 저런 기관들이 조합되면서 하나의 개체胎兒가 형성된다. 이런 발생의 과정이 진화해 온 과정을 거치게 된다는 것이다. 사람도 발생 과정에 아가미가 잠깐 있다고 한다. 인간을 포함하여 포유동물의 유전자가 98% 이상 서로 비슷한 것은 이렇게 발생 과정이 비슷하기 때문일 것이다. 의학에서 약리작용을 검증할 때 처음에는 생쥐를 이용한 다음에 인체人體에 대입하게 된다.

우리 인체 내에도 진화라고 하기에는 적합하지는 않지만 변화 과정을 보이는 곳이 있다. 귀를 보면 귓바퀴를 움직이도록 하는 근육이 있다. 귀를 움직일 필요가 없어진 지금은 이 근육이 퇴화하여 흔적만 남아 있다. 나는 귀를 움직이는 운동을 하여 귀가 움직이는 사람을 본 기억이 있다. 꼬리의 뼈도 척추 끝에 남아있다.

진화가 옳다면 지금도 밀림 속에 진화하고 있는 유인원이 있어야 할 것이라고 말하는 사람이 있다. 그러나 획기적인 진화는 빙하기와 같은 큰 개벽이 있을 때 일어난다고 본다. 커다란 환경변화가 있고 변화된 환경에 적응하기 위한 변신이 진화를 초래하는 것이라고 생각한다. 갈라파고스의 여러 섬에 사는 멧새가 섬마다 부리 모양이 다른 것은 자연환경이 달라서 먹이가 다르기 때문인 것이다. 날아다니는 곤충을 잡아먹는 멧새의 부리는 짧아도 되나 나무 둥지 속의 벌레를 잡아먹어야 하는 멧새는 부리가 날카롭고 길어야 한다.

인간도 저위도低緯度의 사람들은 강한 햇빛과 자외선의 독성을 가리기 위하여 살갗이 검은 것이다. 사람의 살갗이 햇빛에 노출되면 곧 검게 거슬리는 현상은 불리한 환경을 이기기 위한 적응 현상이다.

또 다른 진화의 원인으로 돌연변이突然變異가 있는데, 방사선을 조사照射하여 작물의 품종을 개량할 때 볼 수 있다. 자연에서 서식하는 동식물도 햇빛의 자외선에 의해 다른 변종이 나타나기도 한다.

현대의 생물 진화에 대해서는 돌연변이, 교잡, 격리, 자연선택 등 종합설로 설명하지 한 가지 학설로 설명할 수는 없다. 자연선택설은 생물 집단에서 어떤 자극에 의해 변이가 나타나고 생물 간에 생존 경쟁이 일어나게 되는데 생존에 불리한 개체는 도태淘汰되고, 생존 가능한 개체는 자연에 선택되어 번성한다는 것이다. 또 암수의 교잡과 유전에 의해 후대에 이어지고 점진적으로 진화하고, 환경에 적응하면서 삶을 이어가는 것이다.

최초의 동·식물에 대한 연구가 진행되고 있을 것이나 아직 확실한 결론에는 미흡하다.

지구가 45억 년 전 생성되어 지질시대(지각형성 이후의 시대)가 40억 년 되었고, 원시대기에 가해진 외계 방사능과 대기의 번개 등 자극으로 인해 단세포 생물이 나타나고 이런 것들이 30억 년이란 오랜 기간 동안에 분화分化, 진화, 발전을 거듭하다가, 최초의 인류 오스트랄로피테쿠스가 지금으로부터 300만 년 전에 나타났고, 4만 년 전쯤에 현생 인류의 조상이라 할 수 있는 크레마뇽인, 그리말디인이 출현했으니 오랜 기간 동안에 우리 인류도 서서히 진화를 했고 앞으로도 진화를 이어갈 것이다. 앞으로 더욱 연구하고 증거를 찾아 진화론은 학설에 머물지 않고 진리로 자리 잡게 될 것이다.

· 공룡의 전멸 시기: 氷河期 1만 년 전

— 2000. 9.

제6장

회한

성황당이 아깝다

내가 초등학교를 다닐 때까지만 해도 정월 대보름 즈음해서 동네 아이들이 모여 이웃 동네 아이들과 대나무를 메고 횃불을 밝혀 들기도 하고, 흙덩이를 서로 던지면서 패싸움을 벌이곤 했었다. 어쩌다 돌멩이를 던져 크게 다치는 경우도 있어 어른들 간에 언성이 높아지기도 했지만, 그런 것이 풍습이고 아이들 장난이거니 하면서 웃어넘기기도 했을 것이다.

지금 생각해 보면 그런 일들이 내려왔던 이유가 있었을 것으로 보인다. 옛날부터 우리나라는 얼마나 외침外侵이 많았고, 왜놈들 때 도둑이 많아 얼마나 불안한 삶을 살아 왔던가?

나종우 교수원광대는 「고려 말기 여말관계」라는 논문1980에서 왜구 침입이 공민왕 때부터 공양왕 때까지 41년 동안에 506회, 충정왕 2년(1350년)에서 공민왕 때까지 115회, 우왕 때1364-1389에 278회 있어, 우리 백성들을 괴롭히고 약탈을 일삼았다고 발표하였다. 이런 노략질은 일본이 흉년들면 계속되었으니, 불안은 계속되었을 것이다.

오죽했으면 대마도 정벌을 했을까? 왜구의 소굴인 대마도를 고려 창왕昌王 때와 조선 태조太祖 때에도 정벌을 했다. 1389년 고려 공양왕 1년 병선 100척이 대마도를 공격하여 왜선 300척을 불사르고 왜구를 진멸殄滅하여 고려의 민간인 포로 남녀 100여 명을 찾아오기도 했다.

1419년(세종 1년) 6월에 다시 대마도를 정벌하였다. 당시 일본에서는 규슈九州의 제후諸侯를 총동원하여 대마도를 방어하게 하였으므로 원정군은 대마도 전체를 토벌할 수 없었으나, 그들에게 큰 타격을 주고 회군하였다. 이 해가 기해년이었으므로 이 정벌을 기해동정己亥東征이라고 한다.

그런 불안 상황에서 동네 간의 병정놀이는 우리를 괴롭히는 왜구나 오랑캐와 싸움을 준비하는 훈련과 마찬가지이었을 것이다. 성황당은 왜구에 의한 비상사태에 대비한 돌싸움을 위한 돌무더기이다.

사전에는 성황당에 대하여 이렇게 기록되어 있다.

> 서낭당은 서낭신을 제사하는 단이다. 지방에 따라서 할미당[老姑堂: 전남]·천왕당(天王堂: 경북)·서낭당[城隍堂: 경기·황해도]·국사당(國師堂:평안도)·국시당(함남) 등 여러 가지의 명칭이 있다. 서낭신은 토지의 부락富樂를 수호하는 신으로서 최근까지 가장 널리 제사 지내던 신이다. 보통 고갯마루, 큰길가, 부락 입구, 사찰 입구 등에 위치하며 그 표시로는 작은 돌을 무더기로 쌓아놓고 가까이에 나무神樹가 있다. 이 나뭇가지에는 아이들의 장수를 위해 걸어놓은

헝겊 조각, 상인이 이재利財를 꾀하기 위해 단 짚세기, 신랑 · 신부가 새집으로 옮길 때 부모계의 가신이 따라오지 못하도록 신부가 자기 옷을 찢어서 걸어놓은 색 헝겊 조각 등이 걸려 있다. 흔히 통행인은 나그네 길을 안전하게 하기 위해 돌을 주워서 단 위에 던지거나 침을 뱉는데 이것은 도로를 배회하는 악령의 해를 피하기 위함이며, 또 이때 자기가 원했던 바를 마음속으로 또는 소리 내어 기원하기도 한다. 서낭신은 무당의 신이기도 하므로 이 단에서는 무당들에 의해 여러 가지 새신賽神 행사가 행하여졌다. 조선시대에 와서 크게 성행하였다. (중략) 현재는 그 자취만이 약간 남아 있을 뿐 별로 관심의 대상이 되지 못하고 있다.

– 두산세계대백과에서

신복룡 교수건국대의 주장은 성황당은 요즈음 말로 병참기지에 해당한다는 것이다.

역사 문헌에 의하면 원시 부족 국가 시대부터 부락을 방어하던 돌싸움이 있었고, 신라는 왜구의 침략이 있으면 돌멩이 부대를 동원하여 적을 격퇴했고(『삼국사기』 자비왕 2년), 고구려는 당나라 군사에 대비하여 돌맹이 부대가 조직되었다(『삼국사기』 보장왕 4년). 고려시대에는 석투군石投軍이라는 정식 군사조직이 있었고 (『고려사』, 志 · 兵 · 五軍條), 조선 시대에는 성황도감城隍都監이라는 부대를 두어 정기적으로 돌 던지기 훈련을 실시했다고 한다(『태종실록』 6년 6월).

이 충무공의 첫 해전이 거제도 장승포에서 있었던 것은, 그곳이 군사적 요지로서 서낭당이 많은 해변이었기 때문일 것이다.

언제 일어날지 모르는 싸움의 불안 속에서 안녕을 기원하던 습속習俗

은 서낭의 무속적 기능도 있었을 것이다. 떡과 음식을 바치고, 왼쪽으로 꼰 새끼줄에 색 헝겊을 걸어 놓기도 하고 지나가다가 고개를 숙여 절을 하던 신성神聖한 곳이었다.

병기 발달, 화약 총포의 발명으로 서낭의 군사적 기능은 퇴화하여 민속놀이로 50년대까지 동네 간 아이들의 정월 대보름날 패싸움놀이로 남아 있다가 학교와 경찰지서에 공문까지 내려오기도 하여 오늘날에는 완전히 사라졌다.

원평 옆 장흥리 입구 금산부락에서 올라가는 언덕에 큰 정자나무가 서있고 그 밑에 서낭당이 있었는데 이곳을 포장도로로 확장하면서 철거되고, 쌓여있던 돌무더기는 포장공사를 하는 데 쓰였을 것이다.

민족의 옛날 정서가 서려있던 문화재가 그렇게 무분별하게 사라진 것이 못내 아쉽다. 두레 등 부락의 단결과 일체一體정신을 깨뜨리기 위해 금지시킨 일제의 탄압이 원망스러웠고, 성과주의적 조급성으로 밀어붙였던 새마을 운동은 지금까지도 문화재 보호에 대한 아쉬움을 남겼다.

이제길의 수필집에 나오는 글같이 '이제는 버려야 한다. 속도에 대한 미련을, 성과에 대한 집착을. 뛰다 보면 다 놓친다.' 그렇다. 지당至當한 말씀이다.

신 교수의 '샹들리에 휘황輝煌한 워커힐 호텔 옆에 다소곳이 앉아있는 서낭의 모습은 얼마나 절묘하고도 아름다운 원시와 문명의 콘트라스트인가?'라는 글을 읽고 더욱 아쉽고 안타까웠다.

옛 성황당 가까운 곳에 금산사가 있고, 옛날 도요지陶窯址인 그릇골구리골·銅谷도 있고, 아담한 저수지, 증산교 발상지, 그리고 풍운아 정여립

鄭汝立이 살던 집터가 있다. 이런 문화재와 연관聯關하여 그 서낭당을 다시 복원할 수 없을까?

— 2015. 4. 26.

야리송한 글자말

'신상필벌信賞必罰'은 공이 있는 사람에게는 반드시 상을 주고, 죄가 있는 사람에게는 반드시 벌을 준다는 뜻으로, 상벌을 공정하고 엄중히 함을 이르는 말로 글씨만을 가지고는 뜻을 파악하기가 어려울 것이다. 많이 쓰이고 있는 말이기 때문에 그렇거니 하지 애매한 단어이다. 믿을 신信, 상줄 상賞, 반드시 필必, 벌줄 벌罰이어서 처음 접하는 사람은 뜻 파악이 쉽지 않을 것이다. 한문에 대한 공부가 미천微賤해서 그런지 모르겠으나, 한문에는 어원語原이 있고, 출처出處가 있기도 하여 출처를 모르면 뜻 파악이 어려운 경우가 많다고 본다. 한문은 뜻이 깊다고 하는 사람이 많으나 그런 말을 들을 때 나는 실소失笑를 하곤 한다. 글의 뜻을 파악하여 이해하는 데 생각할 시간이 소요되기 때문인 것이지, 그 속에 철학적 교훈이 담긴 것이 아니어서 알고 나면 웃어버리는 경우가 있다. 한문은 어려운 게 아니고, 혼란스럽다고 나는 생각하고 있다.

그래서 나는 한문이란 썩 좋은 글은 못된다고 생각하고 있다. 우리 한글 같이 토씨에 따라 뜻이 다르게 나타나는 예민한 글에는 비교할 수가 없다고 느껴오고 있다. 한문으로 복잡 미묘한 현상을 정확히 나타낼 수 있겠는가?

내가 좋아 하는 불교 선시禪詩가 있다. 뒷부분만 적어보면, '千江有水千江月 萬里無雲 萬里天'. 이 글을 처음 접하는 사람은 의미를 파악하는 데 상당한 시간이 필요할 것이다.

'수많은 강에 물이 있어 강마다 달이 떠 있고, 저 멀리 구름 없이면 하늘이로다.' 한시를 모르고 한문 실력이 없어 그렇겠지만, 처음에는 '별 느낌이 없는 시로구나'라고 생각했다. 그런데 우리말로 풀어 놓은 글을 보고 깊은 감흥感興이 일었다.

"천강에 물이 있어 강마다 달이 뜨고, 저 멀리 구름 없어 만리가 한 하늘이로다." 사뭇 뜻이 다르지 않은가?

『장자壯者』에 이런 글이 나온다. '人之不學 如登天而無術 學而智遠如披祥雲而觀青天 登高山而望四海'. 이 글의 뜻을 알려면 글씨는 많이 본 것이지만 옥편도 들추어 보고 생각도 한참을 해야 하는데, '人之不學은 如登天而無術이요, 學而智遠은 如披祥雲而觀青天이며 登高山而望四海니라.' 이렇게 우리말 토가 붙어 있으면 그래도 이해가 조금 쉬워진다.

그래서 통일 신라 때 설총이 이두吏頭를 고안했던가보다.

'사람이 배우지 아니함은 하늘에 오르고자 하나 방법이 없는 것과 같고, 배워서 지혜가 깊으면 끼어있는 구름을 헤치고 푸른 하늘을 보는 것과 같으며, 높은 산에 올라 온 세상을 보는 것 같다.'는 교훈이 될 만한 좋은 말씀이지만 한문을 잘 모르는 대학 나온 사람도 이 글을 보면 까막까막하게 될 것이다. 꺼먼 것은 글씨고 하얀 건 종이다. 내가 과문寡聞한 탓이겠지만 속해速解가 쉽지 않다.

그래서 세종대왕께서 '나랏말이 중국과 달라 한자와는 서로 통하지 않는다. 그러므로 어리석은 백성이 말하고자 하는 것이 있어도 자기 뜻을 펴지 못하는 사람이 많다. 내가 이것을 가엽게 여겨 새로 스물여덟 자를 만드니 사람들이 쉽게 익혀 날마다 쓰기 편하게 하고자 한다.'라고 하시면서 1446년 훈민정음訓民正音을 발표했던 현명한 뜻을 이해하고, 그 높은 성은聖恩에 천만 번 감사드리고 싶다.

한때 활자 인쇄를 할 때는 활자수가 엄청나게 많아 불편해서 한글을 풀어쓰기를 해야 한다는 말이 있었으나 컴퓨터 워드프로세서가 훌륭해 모든 문제가 해결되었다. 맞춤법이 틀린 것, 띄어쓰기 잘못된 것까지 지적해주는 컴퓨터이니 정말 편리하다. 문자 없는 나라에서 우리 한글을 도입해 갈 정도가 되었다.

이 좋은 우리말, 우리 단어를 두고 생소生疎한 한자말을 쓰고, 영어·프랑스 말을 쓰면서 유식한 척하는 사람이나 신문을 보면 비웃고 싶어진다.

— 2015. 5. 31.

장군과 전쟁

1

세계 3대 명장名將이라면 이순신 장군, 넬슨 제독과 맥아더 장군을 들고 싶다.

넬슨(영국의 제독)은 미국 독립전쟁에 참전했고(1780년), 프랑스의 혁명전쟁에 종군했고, 1794년에는 코르시카 섬 점령에 공을 세웠으나 오른쪽 눈을 잃었으며, 1797년의 세인트 빈센트 해전에서 오른쪽 팔을 잃었다.

나폴레옹의 프랑스 함대와 대결하는 중심인물이 되었고, 1798년 나일 강 입구의 아부키르 해전에서 프랑스 함대를 격파하여 '나일 강의 남작'이라 칭해졌다.

1801년 해전의 공로를 인정받아 자작이 되었으며, 지중해 함대 사령관으로서 프랑스 함대를 견제하였다.

전쟁에서 한 눈과 오른팔을 잃은 불구임에도 불고하고, 봉쇄한 풀롱항에서 탈출한 프랑스 함대를 추격하여, 트라팔가르 해협에서 프랑스-에스파냐 연합 함대를 포착하고 작전 수행하여 완승 직전에 적의 저격을 받아, '하느님께 감사한다. 우리는 우리의 의무를 다했다'라는 최후의 말을 남기고 1805년 10월에 기함旗艦 빅토리아호에서 전사하였다.

미국의 맥아더 장군은 육사를 수석으로 졸업하고 육군에 근무하여 1930년 대장으로 승진했고, 극동통極東通으로 알려져 36년 필리핀군軍의 고문으로 근무하다 37년 퇴역했다가, 그 후 대일관계對日關係가 긴박하였던 1941년 7월 현역에 복귀하여 미국 극동군사령관으로 필리핀에서 근무 중 제2차 세계대전을 만났다.

1942년 초 일본군의 공격으로 마닐라를 빼앗기고 오스트레일리아로 이동, 연합군 남서태평양 방면 사령관으로서 대일對日작전을 지휘하였다.

그 해 가을부터 뉴기니작전을 비롯하여 반격작전을 전개, 45년 7월에는 필리핀을 완전히 탈환하고, 8월에 일본을 항복시키고 일본점령군 최고사령관이 되었다.

1950년 우리나라에 6 · 25전쟁이 일어나자 UN군 최고사령관으로 부임하여 인천 상륙작전을 지휘, 전세를 역전시켜 적을 한만韓滿국경까지 몰아내는 데 성공하였다.

그러나 중국군의 개입으로 다시 후퇴를 하게 되자 그는 만주폭격과 중국연안봉쇄, 대만의 국부군國府軍의 사용 등을 주장하였고, 이로 인해 트루먼 대통령과 대립하다가 1951년 4월 사령관에서 해임되었다. '노병老兵은 죽지 않고, 사라질 뿐이다.'라는 비장悲壯한 말을 남기고 퇴임하였다.

2

성웅聖雄 이순신李舜臣장군! 세계가 추앙推仰하는 인물이다.

1545년생이니 위의 두 장군보다 까마득히 오래전 장군이다. 풍전등화風前燈火와 같은 우리나라를 구하신 충무공忠武公이시다.

1576년에 무과에 급제하여 미관말직을 전전하다가 1591년(선조 24년)에 유성룡柳成龍의 천거로 진도군수, 같은 해 전라좌도 수군절도사全羅左道水軍節度使로 승진하고, 좌수영左水營(麗水)에 부임하여 군비 확충에 힘썼다.

임진왜란이 일어나자 옥포에서 적선 30여 척을 격파하고, 이어 사천에서 거북선을 처음 사용, 적선 13척을 분쇄한 것을 비롯하여 당포에서 20척, 당항포唐項浦에서 100여 척을 각각 격파하여, 자헌대부資憲大夫에 승품陞品되었고, 7월 한산도에서 적선 70척을 무찔러 한산대첩閑山大捷의 큰 무공을 세웠다. 이어 정헌대부正憲大夫에 오르고 다시 가토요시아키加嘉明의 수군을 안골포(창원군 웅천면)에서 격파하고 9월 적군의 근거지 부산에 쳐들어가 100여 척을 부수었다.

1593년(선조 26) 다시 부산과 웅천熊川의 적 수군을 격파, 남해안 일대의 적 수군을 완전히 일소하고 한산도로 진을 옮겨 본영本營으로 하여 최초의 삼도수군통제사三道水軍統制使가 되었다.

이듬해 명나라 수군이 내원來援하자 죽도에 진을 옮기고, 장문포에서 왜군을 격파, 적군의 후방을 교란하고 서해안으로 진출하려는 적을 막아 왜군의 작전에 큰 타격을 가하였고, 전쟁이 소강상태에 접어들자 훈련을 강화하고 군비확충 · 난민구제 · 산업장려에 힘썼다.

1596년 일본은 눈엣가시로 여기던 이순신을 궁지로 몰아넣기 위해 간첩을 이용하여, 왜군이 거제도로 침략할 것이라는 거짓 정보를 퍼트렸다. 조정에서는 이 소문을 믿고 이순신 장군에게 거제도로 출동하라는 명령을 내렸다. 그러나 거짓 소문임을 알고 있는 이순신 장군은 거제도로 가지 않았다. 왜군은 거제도가 아닌 다대포로 쳐들어 왔고, 이순신이 왜군을 막지도 않았다고 헛소문을 퍼트렸다. 왜놈 배가 돌섬에 걸려 이레간을 꼼짝 못 했는데도 이순신이 방치한 것은 왜장의 뇌물을 받았기 때문이라고 덮어 씌웠다. 임금의 작전명령을 어긴 이순신을 엄벌해야 한다는 신하들의 상소上疏가 이어지는 가운데 삭탈削奪되어 한성으로 끌려갔다. 형틀에 묶여 태형笞刑을 받으며 심문을 받았고 혼절하기에 이르렀다고 한다.

전령을 어겼다는 당파 파당과 원균의 모함으로 인한 형벌을 받다 영의정 유성용의 고간苦諫과 우의정 정탁鄭琢의 변호로 전장戰場으로 돌아올 수 있었고 도원수 권율權慄의 막하에서 백의종군을 하였다. 파직된 이순신 대신 삼도수군통제사가 된 원균은 칠천도 싸움에서 크게 패하고 전사하였다.

이순신 장군은 삼도수군통제사에 재임명되어, 수군은 배가 없어 어려울 것이니, 육지에서 싸우라는 조정의 작전지시에 '신에겐 전선이 12척이나 있습니다. 죽기로 싸우면 아직도 감당할 수 있습니다. 적이 감히 우리를 업신여기지 못할 것입니다.'라고 했다. 필사즉생必死卽生의 각오로 겨우 남아있는 12척의 함선과 빈약한 병력을 거느리고 명량鳴

梁·울들목에서 133척의 적군과 대결, 31척을 부수었다. 다음 해 고금도로 진을 옮겨 철수하는 적선 500여 척이 노량露梁에 집결하자 명나라 제독 진인陳璘의 수군과 연합작전을 펴, 적군을 기습하여 혼전混戰 중 유탄에 맞아 전사하셨다.

왜란 중 투철한 조국애와 뛰어난 전략으로 나라를 왜적으로부터 방어하고 또한 격퇴함으로써 한국 민족 역사상 가장 추앙받는 인물이 되었다.

1604년 선무공신宣武功臣 1등이 되고 덕풍부원군德豊府院君으로 추봉되었으며, 좌의정이 추증, 1613년(광해군 5) 영의정이 더해졌다. 장지葬地는 아산의 어라산이며, 왕이 친히 지은 비문과 충신문忠臣門이 건립되었다.

글에도 능하여 『난중일기亂中日記』와 시조·한시 등 여러 편의 자료를 남겼다. 그 일기를 보면 전란 중 양친과 아들의 죽음 앞에서 비통해하며 '가슴이 찢어지는 슬픔을 어떻게 적으랴'라고 기록하였다. 이순신은 군인을 경멸하는 문민文民지배의 정치질서 속에서 제대로 뜻을 펴보지 못했다. 왜적과 싸우는 전선사령관을 모함하여 잡아들이고 고문하는 양반들의 등쌀에 심신이 지쳐있었다.

러·일 전쟁(1904~05년) 중 타이완 해협에서 러시아 발틱 함대를 대패시킨 일본 해군 함대 사령관 도고 헤이하치로가 '나를 넬슨 제독에 비교하는 것은 몰라도, 이순신에 비교하는 것은 황송한 일이다'라고 하면서 '넬슨과 나는 국가의 전폭적인 뒷받침을 받아 결전에 임했다. 그러나 이순신은 그런 지원 없이 고독하게 싸운 분이다.'라고 했다. 무장武將이 무장을 알아본다고 했던가. 무능한 왕조, 오지 않는 군수

지원 속에서도 압도적으로 우세한 적을 상대하여, 군軍을 경시하는 시대를 살면서 조국의 무거운 짐을 지고 묵묵히 걸어온 이순신 장군, 그 분의 자살설自殺說은 그냥 나온 것이 아닐 것이다. 그가 최후의 해전에서 살아서 개선했다면 그 당쟁 속에서 명命대로 살 수 있었을까? 최후 전선에서의 죽음은 이순신 장군의 행운이었을 성싶다.

충무공의 일기는 국보로 지정되어 있다.

충무공 이순신은 통영시의 충무충렬사忠武忠烈祠, 여수의 충민사忠愍祠, 아산의 현충사顯忠祠에 배향配享되어 있다.

3

임란 때 왜군 상륙 10여 일만에 왜군이 한성 가까이까지 진격해 오자, 선조와 조정 대신들은 울부짖는 백성들을 외면하고 궂은비를 맞으며 개성으로 피난하였다. 당시의 한 관리는 비참했던 광경을 이렇게 표현했다. '관리 누구 할 것 없이 도망치느라 성문을 닫을 수가 없었다. 사람과 말이 인정전에 어지럽게 뒤얽혀 울부짖으며 어쩔 줄을 몰랐다…….'

도망치는 무책임한 조정에 격분한 백성들은 '당파싸움에 정신 팔려 유비무환有備無患을 못하더니 이젠 저희만 살겠다고 도망쳐? 가자, 왕궁으로. 가서 때려 부수자.' 하였다. 성난 군중은 궁궐을 불 지르고 때려 부수고 노비문서를 불태웠고, 홍문관과 춘추관에 간직된 많은 전적典籍, 사료史料가 재로 변했다.

한성을 떠나 피난길에 오른 선조 일행을 백성들이 돌팔매질을 하는 바람에 낮에는 숨어 있다가 밤에 도망을 쳤다고 한다. 이런 백성들의 원한에 군사를 모집해도 응하는 자가 없었다. 왜군 상륙 20일 만에 한성은 적에게 점령되고, 선조는 개성에서 평양으로 피난하였고, 왜군이 대동강에 이르자 또 의주로 도망쳤다. 그런 사람이 36년간 임금을 했다니 한심하다.

청나라가 침략한 호란 때, 1637년 1월 인조仁祖는 가시나무를 깔고 앉아 청 태종에게 치욕적으로 세 번 절하고 절할 때마다 세 번 이마를 찧는 굴욕을 당했다. 청나라로 잡혀가는 아이들과 여자들은 '우리 임금이시어 우리를 버리십니까.'라고 울부짖었고, 길 양쪽에서 아우성치는 사람이 수만 명이었다.

6·25동란 때는 어떠했는가? 함석헌 선생의 『생각하는 백성이라야 산다』에 나오는 글이다.

> (전략) 속아서 그 앞잡이 된 것은 정권 쥔 자들이요, 속은 것은 욕심 때문이다. 더구나 그렇게 큰 전쟁이 일어났는데 그날 아침까지 몰랐으니, 정말 몰랐던가? 알고도 일부러 두었던가? 몰랐다면 성의 없고 어리석고, 알았다면 국민을 팔아넘긴 악질이다. 그러고도 밤이 깊도록 서울을 절대 아니 버린다고 열 번 스무 번 공포하고는 슬쩍 도망을 쳤으니 국민이 믿으려 해도 믿을 수 없었다. 저희들이 서로 살겠다고 도망을 한 것이지, 정부가 피난한 것은 아니었다. 문서 한 장, 도장 하나 아니 가지고 도망한 것이니 무슨 정부요 관청인가? (중략) 전쟁이 지난 후 서로 이겼노라 했다. 형제 싸움에 이겼노라니 정말은 진 것 아닌가? (중략) 하기는 제2국민병 사건을 만들어내고 졸병의 옷·밥을 깎아서 제 집 짓고 호사

하는 사람들에게 바라는 것이 과한 일이다. 그것이 나라의 울타리일까? (후략)

반공포로 석방하고, 휴전반대 운동 잘했다고 그렇게 자랑할 일은 아니었다.

전쟁은 비극이다. 고려 때 몽고元의 7차례의 침입과 일백여 년간의 대원對元항쟁, 거란과 여진의 침입, 조선시대에 청나라가 침입한 두 차례의 호란, 일본의 두 차례의 왜란과 36년간의 왜정, 북한의 6 · 25침략, 왜구倭寇의 이어지던 노략擄掠질, 고대 삼국, 후삼국 간의 각축전 등 얼마나 괴롭고 쓰라린 삶이었던가? 어림잡아 3, 4년 마다 일어나는 외침外侵과 전쟁 속에서 살아온 민족이다. 전후戰後의 처리, 피난민과 피로인被擄人의 한恨! 무엇으로 보상이 가능했을까?

오늘날의 우리 정치는 역사를 돌아 볼 줄 알아야 되고, 정권 창출과 정권 유지가 목적이어서는 안 된다.

— 2015. 6. 15.

우리말에 이상있다

'그는 1950년에 태어난다.'와 같이 요즈음 글을 읽다 보면 시제時制에 맞지 않은 문장들을 흔히 볼 수 있다. 문학적인 표현으로 멋진 문장을 만든다고 재주를 부리다 보니 그런 표현이 되는가 보다고 생각하다가도 역겨움을 느끼게 된다. 영어 공부를 하면서 문장의 시제일치를 시켜야 한다는 주의를 많이 들어서 일 것인가? '그는 1950년에 태어났다'라고 과거형의 문장을 만들어야 한다. 지성인일 것이고 문장력도 있는 분들의 글인데도 이런 표현이 이어지고 있는 것이다. 이 같은 현상은 무엇 때문일까, 무슨 세태를 반영하는 것일까? 이유가 있을 것 같으나 언뜻 머리에 떠오르지 않는다. 멋진 표현력을 구사한다는 솜씨일 듯싶다.

'틀리다'라는 말을 잘못 쓰는 경우를 자주 듣게 된다. '나는 너와 틀리다', '오늘은 어제와 틀리다.'라고 말한다. '다르다'를 '틀리다'와 혼동하고 있는 것이다. '다르다'는 한문이나 영어에서 異, different, diverse, '틀리다'는 誤, wrong 등으로 분명히 다른 말인데, '다르다'고 해야 할 말을 '틀리다'라고 말하는 경우가 흔하다. TV에서는 다르다고 말해야 할 것을 틀리다고 말하면 '다르다'라고 자막으로 나오는 것을 자주 본다.

다름이 틀림으로 혼동하여 쓰이는 것은 개발 시대부터의 세태世態가 반영된 것으로 생각된다. 이것 아니면 저것에서 택일擇一을 해야 되고, 네가 나와 다른 경우에 나와 다른 너를 인정하지 않는 경향이 남아 있는 것이다. 그래서 나와 다른 너는 틀린 것이라고 생각하는 것이다. 전제정치專制政治시대에 이것이어야만 되고 저것은 안 된다고 강요받던 시절의 유습遺習이 습관적習慣的으로 흐르고 있는 것으로 보인다.

'너무'라는 말을 자주 쓰는 것도 자연스럽지 못하다. '나는 네가 너무 좋다', '이 그림 너무 잘 그렸다', '이 꽃 좀 봐, 너무 아름다워!'라고 자연스럽게 말한다. '너무'는 지나치다는 말인데 적절한 표현이 아니다. 과유불급過猶不及이고 미치지 못함만도 못하다. 부사副詞나 형용사形容詞는 단어나 문장을 적당히 꾸며 주어야 하는데 이렇게 강한 단어로 수식하면 오히려 거슬리는 말이 되는 것이다.

발음도 된소리가 많아 '염증난다'를 염쯩난다로 발음하고, '조금'은 쪼금, 쪼끔으로 된소리로 발음하는 게 보통이다.

요즈음 말이 강하고 거친 표현이 많아 걱정하는 사람들이 많다. 그래서 맞춤법 기준안이 개정되면서 된 발음을 여리게 하자고 하여 방송에도 한동안 그렇게 하더니 지금은 마찬가지가 되었다. 북한 방송 아나운서의 거친 말을 들으면 얼마나 역겨운가?

직장생활을 시작한 지 얼마 안 되는 제자가 있는데, 그가 근무하는 곳을 들른 적이 있다. 직장동료끼리 일상의 대화나 업무에 관한 이야기를 하고 있었다. 대화 가운데 반말이 오갔다. 듣기가 거북했다. 상대가 나이가 어리다고 해도 공무 중에 반말하면서 야, 야 하는 게 못마땅했다. 더구나 여성한테는 있을 수 없는 일이 아닌가. 처음에는 수습修習 단계여서 그런가 하고 생각했으나, 국가고시를 통해 정식으로 채용된 정규직원이고 대학을 졸업한 당당하고 실력 있는 공무원이다. 사적인 자리에서 그럴 수 있다고 하겠으나, 업무수행 중에는 양존兩尊하는 풍조風潮가 형성되었으면 좋겠다.

일상에서 거칠고 상스런 말을 상습적으로 사용하는 경향도 개선돼야 한다. 개발開發시대의 조급성과 우격다짐이라도 이겨야 한다는 성과주의 습관은 바뀌어야 할 때가 됐다고 본다.

우리말에 적절한 단어가 있는데 외래어를 쓰는 것도 못마땅한 경우가 많다. 언론에서 앞장서 상용常用하는 단어가 한두 가지가 아니다. 상담이라고 하든가 적당한 단어를 찾으면 될 것을 옴부즈만이라고 하고, 바란스란 말은 얼마나 적절한 우리말이 많은가? 니어미스(near miss)는 실수할 뻔했다는 표현인 듯하다. 컨셉(concept), 아이템(item, 품목, 항목), 콘서트(concert, 연주회), 버블(bubble, 거품), 콘텐츠(contents, 내용, 목차) 등등 많고 많다.

세계화, 국제화는 '글로벌'로, 여행은 '투어'로 신장개업은 '오픈', 섬세하다는 '디테일', 앞으로도 더 많아질 것이다.

줄임말이라고 하던가 약자略字라던가 하는 것도 자꾸 만들어져 쓰이고 있으나 무슨 말인지 모르는 경우도 있다. 노사모(노무현을 사랑하는 모임), 관피아(관료+마피아), 교피아(교육+마피아) 등 얼마나 많은가? 우리말과 외래어가 만나고 줄여지니 아리송해지는 경우도 많다. 재테크, 시테크는 또 무엇인가? TV드라마에서도 심한 경우가 많다. 인터넷, 핸드폰이 널리 쓰이고 메시지가 오가면서 은어隱語가 형성되어 사용되면서 더욱 모르는 말들이 많아지고 있으니 걱정스럽다.

내가 어렸을 때에 가발假髮 '처녀 수출'이란 신문 기사를 보고 의아疑訝하여 형에게 물어 본 기억이 있다. '절름발이 성장'도 '불균형 성장'으로 하면 듣는 사람도 불쾌하지 않을 것이다.

어느 방송에 나오는 아궁이는 '아주 궁금한 이야기'를 줄인 말인데, 동치미는 줄임말이 아니었다.

'그가 개좋다'라는 말은 개가 '매우'라는 뜻이라고 하니 '그가 매우 좋다'는 말이겠다.

동아일보 보도(2014. 7. 16)에 의하면

'언론의 언어는 공공公共 언어의 표준 역할을 한다고 하지만, 신문 속 부적절한 언어 사례 168건 중 선정적 과장된 표현이 63건, 폭력적인 표현 38건, 차별 · 비하를 내포한 표현 31건, 기타 36건'이라고 했다.

세월이 흐르면서 곧 사라질 언어들이 많겠지만 오랫동안 남아있는 말들은 표준말로 받아들여야 할 것이고, 상대방을 인정하고 존중할 줄 알고, 말이 강하고 거칠지 않게 순화되었으면 하는 바람이다. 그렇게 저렇게 언어도 진화하고 발전할 것이다.

— 2015. 3. 17.

처량한 이름으로 남지 말아야지

1

'한때 적막寂寞하더라도, 만고에 처량한 신세身世는 되지 말라.'(寧受一時之寂寞 毋取萬古之凄凉) 이 말은 노자老子의 말씀이고, 채근담菜根譚에도 수록된 말이다. 권세에 아부하다가 만고萬古에 처량한 신세가 된다는 말에 이어지는 말이다. 이런 처량한 신세는 옛날부터 흔히 있었던 일이나, 오늘날까지도 이어지고 있다. 이런 경고를 알면서 지키지 못해 불행해지는 사례를 많이 보면서도 계속 이어지는 것을 보면, 사람들이 속이 빠지거나, 잊어버려 그러는 것은 아닐 것이다. 행여 나에게까지 그런 일이 있을까, 이 한번은 괜찮겠지, 지난번에도 무사했는데, 못하는 것도 병신이지, 까짓것 될 대로 돼라하는 등 자포자기, 포기나 배짱이 작용했을 것이다.

2

싱가포르는 말레이반도 남단의 섬으로 이루어진 도시국가로 중국인 · 말레이인 · 인도 · 유럽인 · 혼혈인 등이 살고 인구의 7할 이상이 중국인이며, 저마다 다른 언어 · 풍속 · 습관 · 문화 · 종교를 가지고 있으며, 서로 다른 민족끼리 섞여 사는 일이 거의 없다고 한다. 인종에 따라 직업도 다르며, 중국인은 서비스 부문과 제조부문에 종사하고, 말레이인은 하급공무원과 하급노동자로 일하며, 인도인은 공무원이 되는 경우가 많다. 또 중국인 사이에도 푸젠 · 광둥 · 하이난 등 출신지에 따라 서로 다른 방幇(동향인 단체)을 이루어 각자 살면서 관계가 희박하다. 언어는 영어 · 말레이어 · 중국어 등이 공용어이다. 종교도 중국인은 불교, 말레이인은 이슬람교, 인도 파키스탄인은 힌두교 · 이슬람교, 유럽인과 혼혈인은 그리스도교를 믿는다.

이러한 복합사회는 인종간의 대립을 불러일으켜 정치적 불안정을 야기함으로써 많은 문제를 안고 있을 것이다.

1959년 리콴유[李光耀]는 영국 자치령 때부터 총리가 되고, 1965년 말레이시아에서 분리 독립되면서 도시국가 총리가 되었다. 말레이시아로부터 추방되다시피 하여 독립된 나라이다.

면적이 서울보다 약간 넓고, 싱가포르 섬과 60여개의 작은 섬으로 이루어지고, 인구 540만(외국인155만.2013년)에 세계 무역항으로 성장했다. 말라카 해협 항로의 요지要地에 위치하여 금융, 물류, 원유거래의 중심지가 되어 컨테이너 처리량이 세계 1위의 컨테이너항(2위 상하이, 3위 홍콩, 5위 부산)이고, 세계 컨테이너 환적량換積量의 20%를 싱가포르에서 감당하고 있다고 한다. 관광객이 년1000만 명에 이르고 국제회의, 전시회, 박람회 등이 계속 이어지고 있다고 한다.

이런 상황이기에서 국민소득도 높다. 아시아 제일의 부국이 된 것은 입지조건이 매우 좋기도 했으나, 리콴유의 개발정책과 개혁정치의 성공이 이룬 업적이다.

리콴유는 자신이 매우 청렴했고, 공직자는 뇌물을 받지도 주지도 않는다. 대신 충분한 연봉을 받는다고 한다. 그러나 뇌물을 받거나 부정을 저지르면 엄청난 처벌을 받는다고 한다. 기업에 유리한 정책을 펼쳐 주고 탈세는 하지 않도록 한다고 한다.

리콴유의 가방은 '빨간 가방'이라고 하는데, 부정으로 개혁을 방해하는 세력을 향하여 '말썽들을 정치력으로 파괴하는 것이 나의 일이다. 이 가방 안에는 매우 날카로운 손도끼가 있다'라고 하며 장기 집권하다 보니 독재자라는 말을 들었다. 1960년 신상필벌(信賞必罰)의 부패 방지법을 공포하고 강력한 부정부패추방정책을 펴오고 있다. 국민들이 바라는 것은 주택과 의료, 일자리, 학교라는 말을 입에 달고 살면서 숙련된 노동력을 기르는 교육 개혁을 추진해 나갔다. 2종 언어 교육을 실시하면서 영어는 필수공통으로 했고, 관리자 능력이 없다는 평가를 받으면 기능적 기술교육을 받도록 하여 산업현장에 투입시키고 있다. 중국의 리커창 총리는 '중국개혁의 롤 모델'는 '리콴유의 경제발전 모델'이라고 하고 있다.

반면 노동자는 겨우 생활할 정도의 박봉이고 서민은 동네 뒷골목 허름한 노상식당에서 1~2 달러짜리 볶음밥을 사먹을 수 있다고 한다. 발전의 이면에는 능력 없는 노동자의 비참함도 있다는 것이다. 성과에 집착을 누그러뜨리고 국민복지에도 힘을 기우려야할 단계가 되었다고 본다.

92세의 나이에 싱가포르의 국부 리콴유는 사망하였다.

2015년 3월 24일 동아일보에 아래와 같은 사설이 실렸다.

리콴유 '부패없는 유능한 정부'로 싱가포르 기적 이루다

싱가포르가 말레이시아연방에서 독립을 선언한 1965년 8월 9일 리콴유 총리는 TV 카메라 앞에서 쏟아지는 눈물을 주체하지 못했다. 그는 자서전에 '싱가포르가 정당한 이유도 없이 저항도 못 하고 탈퇴를 강요당했다'고 썼다. 형식은 분리 독립이지만 사실상 추방을 당했다. 당시 싱가포르는 부존자원은커녕 물도 부족해 말레이시아에서 가져와야 하는 가난한 어항漁港이었다. 당시 1인당 국내총생산(GDP) 400달러에 불과했던 싱가포르는 지난해 국민소득 5만6000달러가 넘는 아시아 1위, 세계 8위의 부국富國이 됐다.

동남아시아의 작은 섬나라 싱가포르를 일류 국가로 만든 리 전 총리가 어제 향년 92세로 타계했다. 그는 31년간 세계 최장수 총리로 재임하며 싱가포르를 글로벌 금융과 물류의 허브로 탈바꿈시켜 경제적 번영과 사회적 안정을 이끌었다. 그가 신념처럼 추구했던 '개방의 힘'이 컸다. 그의 '싱가포르 모델'은 '박정희 모델'과 함께 권위적 자본주의를 대표한다. 그가 한국인에 대해 "강인하고 험난한 역경을 이겨내는 데 탁월한 힘을 지녔다"면서도 타협하지 않는 강성 노동조합과 고위층의 부패 척결 문제를 언급한 것을 보면 오늘날 한국이 겪는 상황까지 예견했던 거인巨人의 혜안이 놀랍다.

효율적인 정부를 통해 고속성장과 깨끗한 사회라는 '두 마리 토끼'를 잡은 그의 리더십은 집권 3년 차 '부패와의 전쟁'을 벌이고 있는 박근혜 정부에도 시사하는 바가 적지 않다. 총리 직속의 조사

국을 만들어 부패를 끝까지 추적했고, 측근 비리를 용납하지 않는 솔선수범을 했으며 공직자들에게 유혹에 넘어가지 않을 만큼 충분한 대우를 해준 것이 성공 비결이다.

1990년대 싱가포르와 한국은 홍콩 대만과 함께 '아시아의 네 마리 용'으로 주목받았다. 하지만 2007년 국민 소득에서 일본을 추월한 싱가포르와 딴판으로 한국은 국민소득 2만 달러대에서 벗어나지 못하고 있다. 리 전 총리는 1994년까지만 해도 "내 눈에 흙이 들어가기 전까진 카지노는 안 된다"고 했지만, 2005년 장남 리셴룽 총리의 의견을 받아들여 세계적인 카지노 사업에 뛰어들었다. 글로벌 환경 변화에 유연하게 적응하는 실용주의는 동북아의 작은 반도국가인 우리에게도 귀감이 됨 직하다.

'아시아적 가치'를 내세워 서구식 자유민주주의를 거부한 것이나, 시민의 자유를 제한하는 사회 통제 등은 그가 남긴 그늘이다. 싱가포르에는 리 전 총리와 그 아들의 장기 집권에 염증을 느끼고 언론 자유 확대와 정치사회 개혁을 요구하는 목소리도 높다. 올해 독립 50주년을 맞는 싱가포르 안팎에서 "그의 타계는 한 시대의 마감을 알리는 상징"이라는 평가가 나오는 이유다. 조국을 세계적 반열에 올려놓은 걸출한 지도자의 타계는 "앞으로 펼쳐질 새로운 시대는 어디로 가야 하는가"라는 질문을 우리에게도 던지고 있다.

— 동아일보 2015. 3. 24.

현재의 새 총리는 리콴유의 큰아들 리셴룽으로 정권세습이란 비판을 받고 있고, 총리부인 호칭은 막대한 재산을 가지고 있어 말들이 많다고 한다. 아버지가 건설한 국가를 어떻게 꾸려나갈지 귀추를 주목하고 있다.

3

우리 대한민국 · 싱가포르 · 중화민국 · 홍콩을 아시아의 4용龍이라 불리어지고 있다. 2011년 1인당 GDP를 비교해 보면 한국 23,749$, 대만 21,591$, 홍콩 34,393$, 싱가포르50,714$이다. 이 네 나라를 비교하면 우리나라는 좋은 성적이라 할 수 없다.

싱가포르와 경제교류를 하고 서로 투자하여 소득을 늘려나가는 것도 중요하겠으나, 그들같이 정치개혁과 사회개혁하고 부정부패를 없에, 모두가 부끄럽지 않고 처량凄凉하지 않은 이름을 가질 때, 우리나라도 틀림없이 잘될 것이다. 만족할 줄 모르고 욕심 부린다고 할지 모르지만, 적어도 남을 짓밟아 이룩한 서양 나라나 일본보다는 나아야 한다. 정의正義의 신이 있다면 그렇게 될 것이다. 칠전팔기하며 이루어 나아가야 한다.

— 2015. 5.29

표명진 글모음

여명

인쇄 2015년 09월 01일
발행 2015년 09월 05일

지은이 표명진
발행인 서정환
펴낸곳 신아출판사
주소 전북 전주시 완산구 공북 1길 16(태평동 251-30)
전화 (063) 275-4000 · 0484, 252-5633
팩스 (063) 274-3131
이메일 sina321@hanmail.net essay321@hanmail.net
출판등록 제465-1984-000004호
인쇄 · 제본 신아출판사

ISBN 979-11-5605-256-2 03810
값 13,000원

이 도서의 국립중앙도서관 출판시도서목록(CIP)은 서지정보유통지원시스템 홈페이지(http://seoji.nl.go.kr)와 국가자료공동목록시스템(http://www.nl.go.kr/kolisnet)에서 이용하실 수 있습니다.(CIP제어번호: CIP2015024037)

Printed in KOREA